ZUR SOZIALÖKONOMISCHEN FUNKTION HOHER LÖHNE

VON

DR. F. H. CURSCHMANN
DIPLOMVOLKSWIRT
WOLFEN

BERLIN
VERLAG VON JULIUS SPRINGER
1929

ISBN-13: 978-3-642-98737-3 e-ISBN-13: 978-3-642-99552-1
DOI: 10.1007/978-3-642-99552-1

Softcover reprint of the hardcover 1st edition 1929

Vorwort.

Wer berufsmäßig sich mit den Problemen der Sozialökonomie befaßt, der muß sich bewußt sein, daß es hierbei nicht um den einzelnen Menschen, sondern um die Wirtschaft großer Gesellschaftsgebilde, insbesondere der Volkswirtschaft, geht; der weiß aber auch, daß, indem er von der Volkswirtschaft spricht, er den einzelnen Menschen, aber als Glied des Ganzen, erfaßt und das Wohl und Wehe dieser Einzelnen im Gedeihen der Gesamtwirtschaft beschlossen liegt.

Wer wissenschaftlich arbeitet, weiß, daß allein die Sache an sich ihn etwas angeht und weder das Interesse Einzelner noch das einzelner Wirtschaftsgruppen. Gerade in der nationalökonomischen Forschung taucht immer wieder die Gefahr auf, daß das Objekt nicht Gegenstand einer Betrachtung von höherer Warte aus ist, sondern im Lichte dieses oder jenes Interessenstandpunktes gesehen wird. Darunter leidet nicht nur die wissenschaftliche Forschung selbst — es schwindet der Glaube an die Ehrlichkeit und Wahrheitsliebe des Forschers — es leidet ebenso die Entwicklung der menschlichen Wirtschaft, soweit sie auf Ergebnisse der objektiven Forschung angewiesen ist. Die Verfolgung eines Einzelinteresses wird nur dann auf lange Sicht erfolgreich sein, wenn sie konform geht mit derjenigen des Gesellschaftsinteresses und deshalb steht die sozialökonomische, von einzelnen Menschen abstrahierende Forschung an erster Stelle, und nur unter Beachtung ihrer Ergebnisse können Möglichkeiten der wirtschaftlichen Förderung von Einzelnen oder Gruppen des Ganzen wissenschaftlich untersucht werden.

Das Lohnproblem erscheint zunächst als eine Interessenfrage, aber tieferes Eindringen lehrt, und für den, der sehen will, hat auch die praktische Entwicklung es gezeigt, daß es sich hier um ein eminent sozialökonomisches Problem handelt, dessen Behandlung unter einseitigem Interessengesichtspunkt schließlich zur Beeinträchtigung nicht nur der Entwicklung der Wirtschaftsgesamtheit führt, sondern auch gerade den von der Einkommensseite her am meisten Interessierten, den Arbeitern, zum Schaden gereicht.

Wissenschaftliche Forschung und Diskussion braucht und soll nicht die Kräfte der Leidenschaft entbehren, nur darf die Wurzel dieser Leidenschaft nicht im persönlichen, vielmehr muß sie in der Liebe zur

Wahrheit und in der Liebe zum Ganzen des Volkes liegen. In diesem Sinne wird im folgenden versucht, die Einwirkungsmöglichkeit hoher Löhne auf die volkswirtschaftliche Entwicklung zu erörtern. Nicht in der Absicht, etwas Endgültiges zu dieser Frage gesagt zu haben, sondern in der Hoffnung, die Auseinandersetzung einen Schritt vorwärtszutragen.

Dem Verfasser ist es eine angenehme Pflicht, an dieser Stelle seinen Lehrern Herrn Geheimrat Professor Dr. ADOLF WEBER und Herrn Geheimrat Professor Dr. VON ZWIEDINECK-Südenhorst zu danken für die Fülle von Wissen und Anregungen, die er von ihnen allzeit empfangen hat.

Wolfen, im August 1929.

FRITZHEINRICH CURSCHMANN.

Inhaltsverzeichnis.

Einleitung.

Der vorliegenden Arbeit ist die Aufgabe gestellt, zu unterscheiden, ob die eigenartige Form der Wirtschaftsentwicklung, die als „Wellenbewegung des Wirtschaftslebens“ bezeichnet wurde, ihre Ursache in der der kapitalistischen Verkehrswirtschaft eigentümlichen Einkommenverteilung hat, und ob diese Entwicklungsform zugunsten einer stetigen Aufwärtsentwicklung zu beseitigen wäre durch Beeinflussung der Einkommenverteilung von der Lohnseite her. Es gilt nicht, eine neue Konjunkturtheorie zu schaffen, vielmehr den Wahrheitsgehalt einer bestehenden und heute breiteren Fuß fassenden, die im nachfolgenden als lohnbetonte Konjunkturtheorie bezeichnet werden soll, zu ergründen. Diese Theorie hat sich über den engeren Rahmen einer Konjunkturtheorie hinaus zu einer Theorie der Wirtschaftsförderung durch hohe Löhne entwickelt, weshalb sie im folgenden auch als lohnbetonte Entwicklungstheorie bezeichnet wird. Es handelt sich also in dieser Arbeit darum, die Wirkungen von Lohnerhöhungen auf die Wirtschaftsentwicklung überhaupt kritisch zu beobachten. Diese Aufgabe ergab die Notwendigkeit, sich so streng wie möglich nur an die Erscheinungen der Entwicklung zu halten, die einer Beeinflussung von der Lohnseite her unterliegen, weshalb mehrfach auf zwar auch hier anzuschneidende, aber dann doch über den Rahmen der Arbeit hinausgehende, Probleme nur fragmentarisch eingegangen werden konnte. So mußte der Verfasser z. B. die Beantwortung der Frage, ob in der sozialistischen Wirtschaft ein Preis für Kapitaldisposition entstehen kann, offen lassen. Es erklärt sich aus der besonderen Aufgabe der Arbeit aber auch, warum im Kapitel „Herrschende Konjunkturtheorie“ nur die Theorien Spiethoffs und Cassels kurz behandelt wurden; es genügte eine Bezugnahme auf diese Theorien, um zu einer Kritik der lohnbetonten Theorie zu gelangen. Der Verfasser ist dabei der Überzeugung, daß zwar die von ihm so bezeichneten herrschenden Theorien noch keine vollkommene Erklärung der Konjunkturerscheinung geben, ihre Ergänzung — und zwar in wesentlichen Punkten — werden bei der monetären Konjunkturtheorie finden müssen, jedoch scheint ihm die Untersuchung von dieser Seite her noch in einem gewissen Anfangsstadium zu stehen, so daß in der vorliegenden, sich ja nicht allgemein mit Konjunkturtheorie beschäftigenden Arbeit darauf nicht näher eingegangen werden konnte, was um so mehr gerechtfertigt scheint, als die Kritik der lohnbetonten Theorie keine wesentliche Änderung durch Herausarbeitung der monetären Ursachen der Konjunkturentstehung erfahren dürfte, es sei denn, die, daß man die so geschaffene Konjunkturtheorie für so klar und unbedingt richtig halte, daß man ohne weitere Widerlegung die übrigen Theorien ablehnen zu können glaubt. Es kam aber in dieser Arbeit darauf an, der zu kritisierenden Theorie so weit als möglich in ihren Begründungen nachzufolgen und die Richtigkeit der von ihr behaupteten Einwirkungen der Lohngestaltung zu überprüfen.

Nachdem in einem kurzen ersten Kapitel eine Darstellung des für unser Problem wesentlichen Inhalts der SPIETHOFF-CASSELschen Konjunkturerklärungen gegeben ist, sucht ein zweites Kapitel den Inhalt der lohnbetonten Konjunktur und Entwicklungstheorie wiederzugeben, um so das Fundament für die im dritten Kapitel gegebene Kritik zu legen. Im letzten Abschnitt dieses Kapitels wird dann noch eine Betrachtung zur augenblicklichen Lohnhöhe und eine Zusammenfassung der ganzen Arbeit gegeben.

Erstes Kapitel.

Die herrschende Konjunkturtheorie.

Einleitend müssen wir der herrschenden Meinung über den Konjunkturverlauf und den diesem zugrundeliegenden Ursachenzusammenhang Erwähnung tun, um damit zugleich unsere eigene Auffassung zu umreißen. Die kurze Darstellung knüpft an die Konjunkturlehren von CASSEL und SPIETHOFF und in den entsprechenden Teilen an die Ausführungen HALMS über Kapital- und Geldmarktzins an.

Methodisch dürfte wohl heute allgemein als zweckmäßig anerkannt sein, daß zunächst durch Beobachtung des Ablaufes zurückliegender Konjunkturen ein Bild von den hervorstechendsten Erscheinungen dieser eigenartigen Form des Wirtschaftsablaufes zu gewinnen und dann mit Hilfe der reinen Theorie der Ursachenzusammenhang zu erforschen ist.

Zwei Phasen unterscheiden wir in der Entwicklung der Wirtschaft, die einander mit einiger Regelmäßigkeit ablösen: Aufschwung und Niedergang, wonach unsere heutige Wirtschaftsform als Wellenbewegung des Wirtschaftslebens bezeichnet wurde. Die ganze Bewegung bedeutet Ausweitung des Wirtschaftsapparates, zunehmende, aber nicht gleichmäßig zunehmende verbesserte Bedarfsdeckung. Es hat sich gezeigt, daß wir es im Aufschwung mit einer Zeit zunehmender Kapitalanlage zu tun haben, daß die allgemeine Ausweitung und Belebung des Produktionsapparates ihr Schwergewicht hat in derjenigen Produktionssphäre, die der Erzeugung der Güter mittelbaren Verbrauches und der Ertragsgüter (Erzeugungsanlagen und langdauernde Nutzungsanlagen) dient. Es findet im Aufschwung eine Veränderung statt im Verhältnis von Kapitalgutproduktion und Konsumgutproduktion. Cassel hat uns mit seinen Kurven gezeigt, daß in der Tat die Konjunkturwellen sich in ganz überragend stärkerem Maße in der Entwicklung der Produktion der Produktionsmittel widerspiegeln als in der Konsumgutproduktion, die relativ nur geringe Veränderungen aufweist. Im Aufschwung ziehen die Preise an. Diese Preisbewegung ist nicht einheitlich, drückt sich wiederum am stärksten aus bei den Materialien und Erzeugnissen der Realkapitalproduktion, erst sekundär bei den Konsumgütern. Immerhin setzt der Konjunkturaufschwung das Gesamtpreisniveau herauf. Der Preis für kurzfristige Kapitaldisposition steigt während des Aufschwungs allmählich, im Stadium des Hochschwunges sehr stark, welche Bewegung sich bis in die Stockung hinein fortsetzt.

Wie die Preisbewegung so ist auch die Entwicklung der Einkommen uneinheitlich. Zunächst steigen die Unternehmereinkommen und zwar am frühesten naturgemäß in den Industrien, von denen der Aufschwung seinen Ausgang nimmt, zunächst in der Produktion der mittelbaren Verbrauchs- und der Ertragsgüter. Im letzten Aufschwungsstadium läßt die Steigerung der Unternehmereinkommen schon nach. Die Einkommen der übrigen Schichten ziehen entsprechend der allgemeinen Belebung des Wirtschaftsganges auch allmählich an, auch die Löhne steigen und dies am stärksten in den späten Aufschwungsjahren.

Der allgemeinen Ausweitung der Wirtschaft im Konjunkturaufschwung entspricht die Zunahme der Zahl der Arbeitsleistungen ebenso wie die Zunahme der Produktion der Rohstoffe, insbesondere des Eisens.

Während die Zeit des Aufschwunges gekennzeichnet ist durch ein Überwiegen der Nachfrage über das Angebot, was in den steigenden Preisen zum Ausdruck kommt, also auch die Produktionskapazität voll ausgenutzt ist und noch für weitere Produktionsanlagen Platz wäre, also quasi ein Zustand der Unterproduktion zu konstatieren ist, schlägt diese Erscheinung am Ende des Aufschwunges mit ziemlicher Plötzlichkeit um und die Ügererzeugung tritt an ihre Stelle. Großer Kapitalmangel, Zahlungsschwierigkeiten, Absatzhemmungen und damit dann Einschränkung der Produktion, Nichtausnutzung der vollen Kapazität des Produktionsapparates kennzeichnen die Zeit der ersten Stockungshälfte. Wieder ist es insbesondere die Produktion der Güter mittelbaren Verbrauches und der Ertragsgüter, die einen Rückschlag erfährt, allerdings gewöhnlich auch nur um einige Prozent, der jedoch genügt, einen Teil des Produktionsapparates nichtverwendungsfähig zu machen. Gehemmt wird diese Erscheinung erstens dadurch, daß die Entwicklung von Erzeugung und Verbrauch in der Stockung oft sehr auseinandergehen, einmal, weil der Verbrauch des eigenen Landes durch Ausfuhr in andere Volkswirtschaften ergänzt wird, diese Ausfuhr häufig in Zeiten vorübergehenden Zusammenschrumpfens des Inlandsmarktes mit Erfolg forciert werden kann, und zum anderen, weil in der Stockung viel auf Lager gearbeitet wird. Immerhin, die Depression ist durch Nichtausnutzung der Produktionskapazität gekennzeichnet, obwohl im zweiten Stockungsstadium Verbesserung am Produktionsapparat vorgenommen und derselbe zugleich dadurch verkleinert wird, daß veraltete Anlagen ausgeschaltet werden. Die Kapitalnachfrage geht in der Depression stark zurück, während andererseits allmählich eine neue Kapitalbildung das Angebot verstärkt, so daß aus dem starken Überwiegen des Kapitalangebotes über die Anlagemöglichkeit ein immer mehr sinkender Zinsfuß resultiert.

Während die Zeit des Aufschwunges im Zeichen des Optimismus verbreitetster Unternehmungslust steht, scheint in der Depression der Wille zu neuen Unternehmungen, neuer Kapitalanlage völlig versiegt zu sein, durch Preisdruck sucht ein jeder eine möglichst hohe Quote des insgesamt zurückgegangenen Absatzes zu erlangen und so der vollen Ausnutzung seiner Kapazität am nächsten zu kommen. Für neue Anlagen ist also anscheinend kein Platz.

Soweit unsere Aufzählung einiger markanter Erscheinungen der wirtschaftlichen Entwicklung in Konjunkturwellen. Gehen wir nun zur erklärenden Beschreibung der Konjunkturerscheinung über.

Die Depression stellt einen gewissen Ruhezustand der Wirtschaft dar. Vorhandene Anlagen arbeiten, werden allerdings nicht voll ausgenutzt und arbeiten teilweise nur für die Läger. Sowohl Produktionsmittel wie Materialien liegen also eigentlich unausgenutzt bereit. Auch die vorhandenen Arbeitskräfte finden nur teilweise Verwendung. Ebenso wie auf dem Gütermarkt verhält es sich auf dem Kapitalmarkt. Neues Kapital wird, begünstigt durch die die Lebenshaltung verbilligenden niederen Preise der Depressionszeit, gebildet. Auch die während der Hochkonjunktur eingefrorenen Kredite sind wieder aufgetaut, und der Bedarf, besonders an langfristigem Kapital, ist verschwindend gering. Neue Unternehmungen werden nicht in Angriff genommen, neue Produktionsumwege nicht begonnen, und so finden die in der zweiten Hälfte der Depressionszeit wieder in größerem Maße angesammelten Sparkapitalien nicht die ihnen zukommende Verwendung in langfristigen Anlagen. Die Fähigkeit der Wirtschaft, neues Realkapital herzustellen, bleibt ungenutzt, die Sparkapitalien finden nur kurzfristige Verwendungsmöglichkeit, insbesondere zum Durchhalten von Lagerbeständen. Die so dem Geldmarkt zufließenden Kapitalmarktmittel setzen weitere Senkung des Geldmarktzinses durch.

So findet der Aufschwung wirtschaftlich sehr günstige Vorbedingungen, Vorräte an Sachkapital, aufgestaute (einstweilen kurzfristig angelegte) Kapitaldisposition am Geldmarkt, niedere Materialpreise, müßige

Arbeitskräfte und der Beschäftigung harrende Produktionsanlagen, die sich teilweise sogar in verbessertem Zustand, verglichen mit dem Zeitpunkt der letzten Hochkonjunktur, befinden. Am wesentlichsten für den Übergang der Depression, der Zeit wirtschaftlicher Ruhe, in den Aufschwung, die Zeit der Wirtschaftsbelebung, der Ausweitung des Wirtschaftsapparates scheint jedoch der niedere Zinssatz zu sein. Dies wird um so klarer, wenn wir an die Beobachtung denken, daß dem Aufschwung insbesondere Zunahme und Belebung der Produktion von Gütern mittelbaren Verbrauches und Ertragsgütern zugrunde liegt. Aus zwei Gründen wird überhaupt Kapitaldisposition gebraucht:

1. Für die Dauer der Produktion im technischen Sinne werden in jedem Gute Mittel gebunden, die durch den Verkauf desselben erst wieder freigesetzt werden und

2. muß bei denjenigen Gütern, die nicht unmittelbar dem Verbrauch dienen, auf die Ausnutzung gewartet werden, was auch bei dauerhaften Verbrauchsgütern der Fall ist.

Also wird Kapitaldisposition langfristig erfordert als Betriebskapital, um die technische Produktion der Güter zu ermöglichen und langfristig als Nutzungs- und Anlagekapital. Ein niederer Zinssatz muß also anregend wirken für den Beginn neuer technischer Produktionen, für die Einschlagung neuer Produktionsumwege, um so mehr, als ja gewiß ist, daß ständig neue Produktionsumwege der Verwirklichung harren, die noch zurückgestellt wird, weil sie bei dem jeweiligen Zins keinen Ertrag bringen würden, also das Einschlagen derselben bei der Knappheit der vorhandenen Mittel wirtschaftlich unrichtig wäre. Zeigt aber der niedrige Zins das Vorhandensein eines größeren Angebotes solcher Mittel an, so wird ein Anreiz zu Neukombinationen gegeben.

Das Barometer des Unternehmers, das ihn über die Tendenzen der Entwicklung unterrichtet und sein wirtschaftliches Handeln weitgehend bestimmt, ist der Preismechanismus. Dem Übergang von Depression zum Aufstieg geht eine lange Zeit der Preissenkung, insbesondere des Zinsfalles vorauf und wir müssen das langsame Reagieren der Unternehmer auf den Preismechanismus erklären. Dieselben tragen das Risiko für ihr Handeln und werden, handeln sie wirtschaftlich falsch, mit Verlust ihres Vermögens bestraft. Als Unterlage für dieses Handeln dienen ihnen nur selten Berechnungen, die mit Sicherheit den Erfolg ermessen lassen, und zwar um so weniger, je mehr sie beabsichtigen, neue Wege zu gehen, seien es technisch organisatorische oder sei es die Absicht, neue Märkte zu erschließen[1]. Das Unternehmerhandeln baut sich im

[1] Wenn auch zugegeben werden muß, daß im Laufe der Entwicklung unserer „hochkapitalistischen“ Wirtschaft die Vorausberechnungsmöglichkeiten des Erfolges größer geworden sind, so dürfte dies nicht ausreichen, das Unsicherheits- und Risikomoment aus der Unternehmertätigkeit auszuschalten, und auch die-

allgemeinen auf auf Hoffnungen, auf Mutmaßungen, auf vermeintlich sichere Voraussicht, nicht aber auf Gewißheit, auf sicherer Kenntnis der Entwicklung. Wir werden daher verstehen, daß für das Handeln der Unternehmer gewisse psychologische Momente von Bedeutung sind. Ein wahrnehmbarer Rückschlag hat den Übergang von Hochkonjunktur zur Stockung bewirkt, Hoffnungen sind zunichte gemacht, Gewinne erheblich verkürzt worden und Verluste blieben nicht aus. Die lange Zeit der Depression bringt zwar eine gewisse Erholung, aber es lastet immer noch ein Druck auf der Wirtschaft, der nicht zuletzt durch die niederen Preise verstärkt wird. So muß erst allmählich der Glaube an ein neues Aufwärts der Wirtschaftsentwicklung, der Glaube, daß noch hohe Gewinne zu erzielen sind, daß neue Unternehmungen Erfolg haben werden, zurückgewonnen sein, bevor ein erneuter Aufschwung einsetzen kann. Sind so die Unternehmer vom psychologischen Gesichtspunkt genügend vorbereitet und kommen besonders günstige Wirtschaftsverhältnisse, wie wir sie am Ende der Depression sahen, hinzu, so ist eine neue Konjunktur zu erwarten. Daß die Entstehung der sachlichen Vorbedingungen für die Wirksamkeit günstiger Wirtschaftsbedingungen als Konjunkturerregung besonders gefördert wird durch Fortschritte der Technik oder Entdeckung neuer Absatzmöglichkeiten, Erschließung neuer Gebiete, bedarf keines Beweises. Irgendwelche Unternehmer gehen dazu über, die vorhandene Möglichkeit, neue Produktionsumwege einzuschlagen, auszunutzen, die Möglichkeit durch langfristige Kapitalanlage höhere Gewinne zu erzielen als sie der niedere Leihzinsfuß bietet, wird evident. Niederer Zinsfuß ist gleichbedeutend mit hohen Preisen für festes Kapital; günstige Produktionsbedingungen mit niederem Zins müssen also in erster Linie die Produktion festen Realkapitals anregen und so erklärt es sich, warum der Aufschwung sein Schwergewicht in der Produktion der Ertragsgüter und in deren Gefolge der Güter mittelbaren Verbrauches findet.

Ist der Aufstieg erst einmal wieder in Gang, so geht der Antrieb zu weiterer Entwicklung immer wieder aus dem sich ausweitenden Wirtschaftskörper selbst hervor. Die Nachfrage nach Gütern mittelbaren Verbrauches nimmt zu, bald ist die Kapazität der vorhandenen Produktionsanlagen voll ausgenutzt, die Herstellung neuer Anlagen wäre zur Befriedigung der wachsenden Nachfrage also erforderlich und wird in Angriff genommen, was wiederum Steigen der letzteren in bezug auf Produktionsmittel und Rohstoffe hervorruft. Die Preise der Materialien

jenigen, die das angebliche Mehr-und-mehr-Zurücktreten dieses Momentes (dessen Vorhandensein ihnen als ein Wesensmerkmal für den Begriff des Unternehmers erscheint) als Stützpunkt ihrer Theorie vom Verschwinden der Nachfrage nach Unternehmerqualitäten ansehen, dürften hier einer ungerechtfertigten Überschätzung dieser Veränderungen zum Opfer gefallen sein.

wie der Produkte ziehen infolge der gesteigerten Nachfrage immer mehr an, da die neuen Anlagen erst in längeren Zeiträumen fertiggestellt werden können. Auch die Arbeitskräfte sind allmählich alle eingestellt, die Löhne steigen und die Steigerung der konsumtiven Nachfrage belebt auch die Produktion der unmittelbaren Verbrauchsgüter, kurz, die Wirtschaft ist in all ihren Gliedern voll beschäftigt, und noch immer drängt die Nachfrage auf Erweiterung des Angebotes.

Die in der Depression aufgestauten Vorräte sind bald erschöpft; sowohl die Sachgütervorräte, wie die reichlich vorhandene Kapitaldisposition, und der Aufschwung muß nun die zu seiner Fortsetzung nötigen Produktionsmittel, auch die Kapitaldisposition selbst schaffen. Davon, daß dies gelingt, hängt der Fortbestand der aufsteigenden Konjunktur ab. In der ersten Aufschwungszeit sind hohe Unternehmergewinne zu verzeichnen. Die Einkommensverteilung hat sich quotenmäßig zugunsten derselben verschoben und es werden reichlich Sparkapitalien gebildet. Mit fortschreitender Hochkonjunktur wird dieser Vorgang gehemmt. Die Gewinnsteigerung geht langsamer vor sich, da Löhne und Materialpreise wie auch der Zinssatz anziehen; Kapitalknappheit macht sich bemerkbar. Dies deutet schon an, daß zum wenigsten das Tempo des Konjunkturaufstieges eine Verlangsamung erfahren wird. Wie ist es zu erklären, daß nicht nur eine Verzögerung desselben, sondern vielmehr ein völliger Umschwung zu Stillstand und gar Rückgang führen, eintritt?

Wir sahen, daß der Aufschwung beginnt durch stärkere Aktivität in der Sphäre der Kapitalgutproduktion und hier insbesondere zum Einschlagen neuer Produktionsumwege, zur Herstellung neuer Anlagen führt. Diese Erscheinung leiteten wir daraus ab, daß am Ende der Depression neben anderen günstigen Bedingungen in sehr reichlichem Maße Kapitaldisposition zur Verfügung steht. Das Einschlagen neuer Produktionsumwege beginnt unter besonders günstigen Kreditmarktverhältnissen; viele neue Produktionsumwege werden gleichzeitig eingeschlagen. Wir betonten schon, daß Kapitaldisposition erforderlich ist einmal zur Produktion im technischen Sinne und dann, um die Realisierung des Nutzens der Ertragsgüter abwarten zu können, während in ersterem Falle kurzfristige Kapitaldisposition erforderlich ist, wird im zweiten langfristige verlangt. Wenn nun auch der Unternehmer zu Beginn der Errichtung neuer Anlagen sich die ganze notwendige langfristige Kapitaldisposition am Kapitalmarkt beschafft, so kann er sie doch nicht sofort völlig anlegen, sondern nur Teil auf Teil entsprechend dem Fortschreiten der Anlagen investieren. Er wird daher kurzfristige Anlagemöglichkeiten ergreifen und so ist es zu erklären, daß der Geldmarktzins für längere Zeit im Anstieg der Konjunktur gleichbleibend ein größeres Angebot von Kapitaldisposition vorspiegelt, als auf die Dauer vorhanden ist, da ja für Teile des Angebotes bereits auf längere Sicht hin eine Verwendung vorgesehen ist. So reizt ein niedriger Zins länger als dies der Fall sein sollte dazu, Produktionsumwege zu beginnen. Nun benötigt zunächst die technische Produktion nur kurzfristige Betriebsmittel, die, soweit es sich nicht um Herstellung von Konsumgütern handelt, ihre Ablösung durch Kapitalmarktmittel bei Beendigung der eigentlichen Produktion unbedingt erfahren müssen. Zunehmend wird Kapitaldisposition in der Produktion festgelegt und muß spätestens nach Fertigstellung bei Eingliederung der Produkte in die Ertragsanlagen durch langfristige Kapitaldisposition abgelöst werden. Von Anfang bis Ende eines neuen Produktionsumweges vergehen Jahre. Immer mehr Kapitaldisposition wird im Konjunkturaufstieg gebunden und so wachsen die Anforderungen an die Bereitstellung von Kapitaldisposition ständig. Inwieweit diesem Erfordernis Genüge geleistet werden kann, läßt sich zur Zeit des Aufschwunges noch nicht sagen, und da zu gleicher Zeit, durch die augenblicklichen günstigen Verhältnisse angelockt, viele mit neuen Produktionsumwegen beginnen, liegt die Gefahr einer Überschätzung der zur Verfügung stehenden Mengen an Sparkapital nahe. Diese Gefahr findet ihren Kernpunkt also eigentlich in dem schon erwähnten Umstand, daß volkswirtschaftlich gesehen niemand die für seine Produktion insgesamt erforderliche Menge an Kapitaldisposition dem Kreditmarkt im voraus entziehen kann, sondern darauf angewiesen ist, sie entsprechend der jeweiligen Anlagemöglichkeit nach und nach zu entnehmen. Die bei Beginn der Produktionsumwege herrschenden, besonders günstigen Umstände ergaben sich nicht aus normaler Mittelbereitstellung (insbesondere Sparkapitalbildung), sondern aus einem Anhäufen der Mittel über einen längeren Zeitraum hinweg. Die unter solch günstigen Umständen erfolgte Inangriffnahme neuer Produktionsanlagen erfordert ständig steigende Festlegung von Kapitaldisposition und wenn auch die erste Zeit des Aufschwunges durch besonders starke Sparkapitalbildung infolge der Gewinnsteigerung gekennzeichnet ist, so vermag sie doch, wie die Beobachtung vergangener Konjunkturen zeigt, nicht den wachsenden Anforderungen zu genügen, zumal sie selbst gegen Ende des Aufschwunges nicht mehr zunimmt. Die Schwierigkeiten, die so entstehen und sich im steigenden Zinssatz ausdrücken, wirken sich nicht in einem Zurückdrängen der Nachfrage nach Kapitaldisposition aus, denn wenn erst einmal mit der Herstellung einer Anlage begonnen wurde, muß sie zu Ende geführt werden, soll nicht alle darin bereits festgelegte Kapitaldisposition verloren, d. h. wirtschaftlich unfruchtbar verwendet worden sein, was um so mehr ins Gewicht fällt, je mehr Kapitaldisposition schon gebunden wurde, also mit Fortschreiten des Aufschwunges an Bedeutung gewinnt. Sind die Ertragsgüter nun fertiggestellt, so müssen die in ihnen gebundenen Betriebsmittel wieder freigesetzt werden — wenn anders die Fortsetzung der Produktion, insbesondere der Güter mittelbaren Verbrauches nicht ins Stocken geraten soll — durch langfristige Anlagekapitaldisposition. Die in den Neuanlagen gebundenen Betriebsmittel müssen also freigesetzt werden durch Kapitalmarktmittel, und zum Abwarten der Nutzung der Ertragsgüter ist ebenfalls Kapitaldisposition notwendig. Daß sich in diesem Zeitpunkt leicht ein Versagen des Kapitalmarktes, der Sparkapitalbildung, ergeben kann, wurde gezeigt. und die Konjunkturbeobachtung lehrt, daß es regelmäßig zur Tatsache wird. Die Realkapitalbildung läßt sich nicht mehr rückgängig machen. Die darin gebundene Kapitaldisposition bleibt gebunden, es muß jetzt die Ausnutzung der Kapitalgüter abgewartet werden und der Geldmarkt tritt zwangsweise an die Stelle des versagenden Kapitalmarktes[1], nicht jedoch, ohne dies durch einen sehr hohen Zinssatz fühlbar zu machen. Da die Geldmarktmittel gebunden bleiben, fehlt es an Betriebsmitteln für die weitere Produktion, auch fehlt jeder Anreiz, weiterhin neue Ertragsgüter herzustellen, da ja alle Kosten stark gestiegen sind. Gerät aber die Erzeugung der Ertragsanlagen, die bisher einen so großen Bedarf, der nicht voll gedeckt werden konnte, ausstrahlte und den betreffenden Wirtschaftszweigen, insbesondere der Hervorbringung von mittelbaren Verbrauchsgütern, volle Beschäftigung brachte und Errichtung neuer Produktionsanlagen gerade in diesem Produktionszweige anregte, ins Stocken, so muß das auf alle Zweige der Produktionsmittelherstellung den Beschäftigungsgrad senkend auswirken, was um so entscheidender wird, als ja der Aufschwung die Kapazität noch erweitert hat.

Hinzutritt nun noch ein anderes. Ertragsgüter verrichten ihren Dienst lange Jahre hindurch, bedürfen erst nach relativ großen Zeiträumen der Erneuerung, während Konsumgüter fortlaufend von der Bildfläche verschwinden und neu erzeugt werden müssen. Sind also Ertragsgüter erst mal in für einen bestimmten Zeitpunkt ausreichendem Maße hergestellt, so muß der Bedarf nach solchen auf lange Sicht erheblich nachlassen. Auf eine Zeit höchsten Beschäftigungsgrades muß also in der Ertragsgüterproduktion eine Zeit der Ruhe und teilweiser Beschäftigungslosigkeit folgen, wenn nicht Auswege, wie etwa Exportmöglichkeiten, gefunden werden, was ja insbesondere bei den Gütern mittelbaren Verbrauches häufig eine große Rolle spielt. „Deshalb ist der Kapitalismus auf Eroberung angewiesen, gleichviel, ob Sachgebiete oder Raumgebiete[2]“.

Das letzthin entscheidende Moment aber bleibt der Mangel an kurzfristiger Kapitaldisposition, der entsteht durch zu ausgedehnte Pro-

---

[1] Siehe Halm, „Das Zinsproblem am Geld- und Kapitalmarkt“, Archiv f. Sozialwissenschaft u. Statistik.

[2] Spiethoff: Handw. d. Stu. S. 77.

duktion von Kapitalgütern. — Das Eintretenmüssen des Geldmarktes für den Kapitalmarkt bringt Mangel an kurzfristiger Kapitaldisposition mit sich. Dadurch wird die Produktion von Konsumgütern eingeschränkt, es fehlt an Verfügungsgewalt für Güter auf kurze Zeit, können also weniger Güter im Sinne einer Konsumgutproduktion verwandt werden. Daraus erklärt sich dann das Entstehen einer Disproportionalität zwischen beiden Produktionssphären, die dann erst in der Stockung durch Stillstand in der Kapitalproduktion und Nachwachsen der Konsumgutproduktion beseitigt werden kann. Die Stockung entsteht dann als Folge eines Mangels an Ergänzungsgütern für die produzierten Kapitalgüter, entsteht also nicht, weil Nachfragemangel nach dem Produzierten da wäre, sondern weil die Mittel zur weiteren Produktion fehlen. — Tritt so eine Stockung in der Erzeugung der Ertragsgüter und rückwirkend der unmittelbaren Verbrauchsgüter ein, so muß dies einerseits zu Betriebseinschränkungen, also auch Arbeiterentlassungen führen, andererseits zu dem Versuche, durch Preisherabsetzung die Absatzbasis zu erhalten. Die Arbeiterentlassungen haben Nachfragerückgang bei der Konsumgutindustrie zur Folge und so teilt sich die Stockung auch diesem Produktionszweige, wenn auch erheblich geringer, mit. Eine Übererzeugung von Genußgütern hat Kaufkraftmangel zur Voraussetzung, der nicht eintritt, „solange die Gewinne und Lohnbezüge aus den Gewerben des mittelbaren Verbrauches bestehen. Erst mit deren Fortfall beginnen für die Genußgütererzeugung wirkliche Schwierigkeiten.[1]“

Nach dem Umschwung tritt nun insbesondere am Kreditmarkte eine Entspannung ein. Die Nachfrage nach Kapitaldisposition läßt allmählich nach, die sinkenden Lebenshaltungskosten ermöglichen weiten Kreisen, wenn auch zunächst nicht den im allgemeinen entscheidenden Unternehmern neue Sparkapitalien zu bilden. Die eingefrorenen Kredite tauen auf und so steht der geringen Nachfrage ein allmählich wachsendes Angebot gegenüber, was zur Zinssenkung führt, die sich der allgemeinen Preissenkung eingliedert. Diese Tendenz wird auch kaum abgeschwächt durch die Anforderungen, die in der zweiten Hälfte der Depressionszeit durch Reparaturen und Verbesserungen am Produktionsapparat entstehen. Produktionsmittel stehen unausgenutzt bereit, die Produktionsanlagen befinden sich in verbessertem Zustand, die Läger füllen sich, Arbeitskräfte harren der Einstellung und auf dem Kreditmarkt überwiegt das Angebot. Wir sind wieder an dem Punkt angelangt, an dem wir mit dem Zirkel einsetzten, den Kreis zu schlagen, haben denselben geschlossen.

Besondere Stimuli der Konjunkturbewegung sind technische Erfindungen und Cassel gibt u. E. mit vollem Recht auf die Frage, ob denn

---

[1] Spiethoff a. a. O. S. 78.

nicht Abschwächungen der Konjunkturbewegungen eintreten werden, zur Antwort: „Jede neue Möglichkeit, festes Kapital in größerem Umfange lohnend zu verwenden, wirkt als ein Anstoß zu einer neuen Hochkonjunktur" und zwar wird sich dies über mehrere Konjunkturen hinweg auswirken. Wir schließen uns zum Schluß dem weiteren CASSELschen Satze an: „Wer über die Konjunkturbewegungen klagt und eine Gesellschaftsordnung, die solche ermöglicht oder duldet, verdammt, der klagt also in Wahrheit über den Fortschritt unserer materiellen Kultur[1]".

Zweites Kapitel.

Darstellung der lohnbetonten Konjunktur- und Entwicklungstheorie.

Erster Abschnitt.

Erklärung der Konjunkturentwicklung.

§ 1. Die Wellenbewegung des Wirtschaftslebens.

LEDERER betrachtet im Anschluß an BUNIATAN und SCHUMPETER den Zustand der Depression als Statik im wirtschaftlichen Entwicklungsprozeß, da die bestehenden Betriebe in dem durch die Stockung reduzierten Umfang weiterarbeiten und die Preisbewegung nach abwärts zum Stillstand kommt. Der Übergang von der Statik zur Dynamik muß nun in den Kräften des Wirtschaftskörpers selbst seinen Erreger finden, eine Komponente muß sich ändern, um die neue allgemeine Bewegung zu entfesseln. „Ohne Änderung der Preise können sich auch die Daten des Produktionsprozesses, Umfang der Produktion und Richtung derselben, nicht verändern." (G. d. S. S. 361.) Diese Änderung der Preise kann nur hervorgerufen werden durch Mengenänderungen in der *wirksamen* Nachfrage, „denn die Tatsache, daß es unbefriedigte Bedürfnisse in der Welt gibt, macht Waren noch nicht absatzfähig, Produktion auf privatwirtschaftlicher Grundlage noch nicht möglich[2]", und die Ursache dieser Änderungen festzustellen ist Aufgabe der Konjunkturtheorie. Die Nachfrageänderung löst auf jeden Fall zunächst Preisänderungen aus; diese an irgendeinem Punkt einsetzende Preisbewegung führt zu einer Belebung der Produktion, die sich alsbald infolge Weiterwirkung auf die Nachfrage anderer Märkte über den ganzen Produktionsapparat erstreckt, so daß eine allgemeine Ausweitung desselben eintritt. Überall steigen die Preise, sie werden gezahlt, weil man hofft, infolge der Preissteigerung in der Folgezeit doch noch Gewinne machen zu können. Die ständig wachsende Nachfrage erfordert neue Produktionsstätten, neue

---

[1] CASSEL: Theoretische Sozialökonomie, S. 576.

[2] Grundriß der Sozialökonomik IV, S. 361.

Arbeitskräfte und Rohstoffe sind erforderlich, diese zu fördern bedarf es wiederum neuer Produktivkräfte und so bietet die ganze Wirtschaft das Bild sich ständig aus sich selbst neu belebender Produktionsausweitung.

Da plötzlich läßt die bisher reißende Nachfrage nach. Absatzstockungen treten ein und wie vorher die Nachfrage an der einen Stelle neue Nachfrage an einer anderen hervorrief, so zieht jetzt umgekehrt die Stockung hier, eine solche auch dort und dort nach sich. Preissenkungen, Betriebseinstellungen, Arbeiterentlassungen und somit Rückgang der nachfragenden Kaufkraft für Fertigfabrikate, wie dann auch für Produktionsmittel und Rohstoffe, Kreditkontraktionen und Zahlungseinstellungen sind die Folge. „Derart folgt in der *kapitalistischen* Verkehrswirtschaft, wenn nicht organisatorische Einrichtungen den Absturz hemmen, auf die gesteigerte Hochkonjunktur eine Krise.“ (G.d.S. S. 364.) Die Produktion wird entsprechend dem Nachfragerückgang eingeschränkt und wir gleiten wieder hinüber in den statischen Zustand der Depression, bis wieder einmal die Dynamik ein Aufbäumen des ganzen Wirtschaftskörpers mit sich bringt.

Bietet nun tatsächlich die Form, die Eigenart der kapitalistischen Verkehrswirtschaft besonderen Anlaß, anzunehmen, daß gerade ihr diese Entwicklung des Auf und Ab statt eines stetigen Aufwärtssteigens wesenseigentümlich ist? Wie stellen sich gerade jene Merkmale der kapitalistischen Verkehrswirtschaft dar, die zu dieser Annahme berechtigen?

§ 2. Besondere Voraussetzungen für die nicht rückschlaglose Wirtschaftsentwicklung in der kapitalistischen Verkehrswirtschaft.

Für die Bedarfsdeckungswirtschaft ist kennzeichnend, daß für einen im voraus *bekannten* Bedarf produziert wird. Der Bedarf steht fest und eine Zentralstelle verfügt *planmäßig* über die vorhandenen Produktivkräfte, so wie es zur Befriedigung eben dieses Bedarfes als am zweckmäßigsten erscheint. Die Verkehrswirtschaft ist eine arbeitsteilige Wirtschaft, es sind nicht mehr die Gegenstände eigenen Bedarfes, nicht mehr die bekannten Bedarfes, die hergestellt werden, sondern ein jeder Wirtschafter stellt die Dinge her, von denen er *glaubt*, daß andere sie begehren werden. Voraussetzung dafür, daß der Wirtschafter für seine Produkte überhaupt einen Gegenwert erhält, ist für jeden Produzenten, daß auch ein anderer Wirtschafter gerade die Produkte, die er erzeugt, haben will und ebenso, daß ein anderer Wirtschafter, diejenigen Produkte erzeugt, die der erste begehrt. Diese Wirtschaftsform erscheint uns also in erster Linie als arbeitsteilige *Tauschwirtschaft*. Wesentlich für jeden Produzenten ist nicht mehr die Brauchbarkeit, sondern die Tauschfähigkeit seiner Produkte, denn das Ziel des Produzierens ist ja nur dann erreicht, wenn verschiedene voneinander völlig unabhängige Produzenten miteinander korrespondierende Tätigkeiten ausüben. Nur diejenige Produktion hat einen Wert, nur diejenige ist wirtschaftlich richtig, die auf einen Bedarf trifft, dessen Träger *gewillt* und *fähig* ist, einen begehrten Tauschwert zu liefern. Dieser komplizierte Tauschprozeß findet eine Vereinfachung durch die Einführung des Geldes als allgemeines Tauschmittel, aber nur insofern als nun auf dem Markt nicht mehr einander korrespondierende Produktionen direkt begegnen müssen. Von dieser Geldwirtschaft sagt LEDERER: „Die Erzielung eines möglichst großen Ertrages in Geld wird das Ziel der Wirtschaft in der entwickelten Verkehrswirtschaft[1]". Wenn auch das Geld den Tauschprozeß geschmeidiger, elastischer macht, so darf man doch nicht sich dadurch darüber täuschen lassen, daß nach wie vor die Gefahr besteht, daß Produktionen einander nicht entsprechen, denn es bleibt das Kennzeichen dieser Wirtschaftsform, daß ein jeder Einzelne für sich allein das produziert, mittels dessen er auf Grund seiner Markkenntnisse *glaubt* den höchstmöglichen Tauschwert oder vielmehr eine möglichst hohe Wertdifferenz zwischen Produktionskosten und Erlös zu erlangen. Seine Hoffnung wird zunichte, wenn von dem gesamten Einkommen aller Wirtschafter, der Grundlage ihrer Nachfrage, sich nicht ein entsprechender Tauschwert bereit findet, wenn nicht Wirtschafter willens sind und fähig, seine Produkte mit dem Ertrag ihrer Produktion einzutauschen. Wir sehen, wie der Tausch an einer Stelle Tausch an einer anderen voraussetzt, wie alle Güter, auch Rohstoffe und Produktionsmittel, eingehen müssen in den großen Tauschprozeß. Was in der auch arbeitsteiligen Bedarfsdeckungswirtschaft sich ohne Schwierigkeiten vollzieht, weil hier der bekannte Bedarf selbst der direkte Maßstab für die Produktion ist, das kann Reibungen verursachen in der kapitalistischen Verkehrswirtschaft, weil nicht eine einheitlich organisierte Produktion der ganzen Wirtschaft dem bekannten Bedarf aller Wirtschafter gegenübersteht, kurz, weil es *fehlt an einem einheitlichen Produktionsplan*, weil eine große Anzahl Wirtschafter produziert für unbekannten Bedarf.

In jeder Wirtschaftsform findet sich der Gebrauch von Hilfsmitteln der menschlichen Arbeit, von Handwerkszeug, von Produktionsmitteln. In der Bedarfsdeckungswirtschaft ist die Bereitstellung dieser Produktionsmittel, die Entscheidung darüber, welche Produktionskräfte der Herstellung von unmittelbar der Bedürfnisbefriedigung dienenden Produkten und welche der Erzeugung der Produktionsmittel dienen sollen, in den Gesamtproduktionsplan eingegliedert, der selbst bestimmt ist von den direkten Bedürfnissen der einzelnen Wirtschafter. In der ent-

[1] LEDERER: Grundzüge, S. 25.

wickelten Verkehrswirtschaft finden wir nun die Produktionsmittel im Besitz nur einer Gruppe von Wirtschaftern; nicht alle Wirtschafter verfügen über Produktionsmittel, ja der größere Teil besitzt nur seine Arbeitskraft. Diese „Nichtbesitzenden" sind also, da sie zur Ergänzung ihrer Arbeitskraft die Produktionsmittel brauchen, darauf angewiesen bei den Produktionsmittelbesitzern zu arbeiten, um so im Tausch ein Anrecht auf Teile des Produktionsertrages — den eigenen Unterhalt zu ermöglichen — zu erwerben. Es ist also nicht so, wie wir bisher annahmen, daß alle Wirtschafter frei produzieren, ihre eigene Produktion bestimmen, die Lenkung der Produktion liegt vielmehr ganz in Händen der vom Erwerbsprinzip geleiteten Produktionsmittelbesitzer. Während in der Bedarfsdeckungswirtschaft das Produktionsmittel verwandt wurde, um mehr Brauchbarkeiten herzustellen, wird es jetzt nur dann verwandt, wenn es den Produktionsleitern zweckmäßig, d. h. gewinnverheißend erscheint, also nicht, um bestimmte Brauchbarkeiten für bestimmte Personen zu erzeugen, sondern, um *tauschfähige* Güter zu schaffen, hinter denen Gewinn winkt. Nicht die Vermehrung der vorhandenem Bedarf entsprechenden Bedarfsdeckungsmittel, sondern die Vermehrung derjenigen, die ein möglichst hohes Äquivalent in Tausch am Markte erzielen, ist jetzt das Produktionsziel. Produktionsmittel in dieser bestimmten gesellschaftlichen Konstellation nennt LEDERER Kapital, die hier gekennzeichnete entwickelte Verkehrswirtschaft eine kapitalistische.

In dieser scheinbar von der Willkür bzw. dem Erwerbsinteresse Einzelner geleiteten planlosen Wirtschaftsform müssen Absatzstockungen als Hemmungen im allgemeinen Tauschprozeß als Durchbrechungen der Zirkulation Krisengefahren bringen und die Möglichkeit solcher Absatzstockungen scheint ebenfalls bei dieser planlosen Wirtschaft ständig gegeben.

§ 3. Disproportionalität als Folge von Fehlleitungen der Produktion.

Was liegt nun näher als die Vermutung, daß in einer solchen Wirtschaftsordnung häufig Produkte auf den Markt kommen, die nicht verlangt werden, wenigstens nicht auf *kaufkräftige* Nachfrage treffen, während andere Produkte zwar kaufkräftig nachgefragt werden, aber nicht in genügender Menge produziert wurden. In der Tat haben von jeher Theoretiker an diesem Punkte eingesetzt, um Erklärungen für periodische Wirtschaftskrisen zu finden. Es wurde immer wieder erklärt, daß der Satz, daß ja jedes Angebot zugleich eine Nachfrage nach sich ziehe, deshalb nicht richtig sei, weil derjenige, der sein Produkt abgesetzt hat, nun zwar fähig ist, eine Nachfrage auszuüben, dies aber nicht tun muß und vor allen Dingen nicht in vorausbestimmter und von den Leitern der Produktion vorauszusehender Richtung. Ein jeder Wirtschafter, der ein Einkommen bezieht, kann dieses verwenden um zu verzehren oder um zu akkumulieren. Wie der einzelne so sein Einkommen je nach Gutdünken einer der beiden Sphären zuwenden kann, so findet das volkswirtschaftliche Gesamteinkommen ebenfalls Verwendung nach beiden Richtungen. In welchem Verhältnis nun beide Sphären bedacht werden, ergibt sich eben aus den Verfügungen der einzelnen Einkommensbezieher.

Die Produktion verteilt sich auf Herstellung von Konsumgütern und Produktionsmitteln. Nur dann ist ein fortlaufender Produktionsprozeß auf gleicher Stufe möglich, wenn die in einer Produktionsperiode vernutzten Produktionsmittel dem Produktionsapparat wieder zugefügt werden, es ist also zur Fortsetzung der Produktion im gleichen Maße die Erhaltung des Produktionsmittelapparates erforderlich. Sprechen wir daher als Einkommen der Volkswirtschaft nur denjenigen Teil des Gesamtertrages an, der dem Konsum gewidmet werden kann, ohne daß dadurch die Produktionsgrundlage verändert wird. Dies Einkommen also ist es, das nun nicht planvoll, sondern ganz nach Gutdünken seiner Besitzer bestimmt, in welchem Maße konsumiert, in welchem akkumuliert wird und der Leiter der Produktion im fortlaufenden Produktionsprozeß kann nicht voraussagen, wie die Einkommenverwendung sich verteilen wird. Wenn nun auch daraus sich wohl die Gefahr steter Disproportionalitäten, sei es in den einzelnen Produktionssphären — es werden im Verhältnis zur Nachfrage zu viel Produkte der einen und zu wenig der anderen Art hergestellt — sei es zwischen beiden Sphären, erklären läßt, so reicht dies nicht aus, die periodisch wiederkehrenden Stockungserscheinungen der Wirtschaft zu erklären. Zwei Gründe sind es im wesentlichen, die Disproportionalitäten von bedeutendem Ausmaß nicht entstehen lassen, zum einen ist es die Wirkung von Nachfrage und Angebot auf die Preise und zum andern ist es die Umstellungsfähigkeit des Produktionsapparates. Wird von einer Ware zu wenig erzeugt, so steigt der Preis. Umgekehrt sinkt er, wenn zu viel erzeugt wird. So führt die Preisbildung von selbst die Produktion auf den richtigen Weg. Die Winke der Preisbildung können auch befolgt werden, der Wirtschafter wendet sich von dem geringere Gewinne bringenden Erzeugungszweig dem mit größeren Gewinnen zu. Er braucht nicht einmal immer Arbeitskräfte und Produktionsmittel aus dem bisherigen Betrieb herauszunehmen, denn die Produkte der Fertiggüterindustrie sind oft derart produktionsverwandt und die Umstellungsmöglichkeit ist daher im gleichen Betrieb so groß, daß solche Maßnahmen erspart bleiben. Für die Produktionsmittelindustrie wie auch die Landwirtschaft gilt das gleiche. In der ersteren liegt ein bedeutender Elastizitätsfaktor in der Möglichkeit, die Arbeitszeit zu verkürzen oder zu verlängern und eventuell die Zahl der Hände zu vermehren. Preisreaktionen und Elastizität des Wirtschaftskörpers verhindern also das Aufkommen von Disproportionalitäten größeren Ausmaßes. „Erfolgt aber die Ausweitung des Wirtschaftskörpers nach wirtschaftlichen Gesichtspunkten, also innerhalb der Grenzen, welche durch die Preisentwicklung gezogen sind, so ist die Elastizität des Wirtschaftskörpers stark genug, um Disproportionalitäten, wie sie durchschnittlich entstehen, zu überwinden" (G. d. S. S.373). An einem Beispiel erläutert LEDERER die Wirkung der Reaktionsfähigkeit des Wirtschaftskörpers und zeigt, daß übergroße Ausdehnungen einzelner Produktionszweige nur, wenn sie plötzlich in Erscheinung treten würden, was aber aus dem inneren Wesen unserer Wirtschaft als periodische Erscheinung nicht zu erklären wäre, Ursache der Wellenbewegung des Wirtschaftslebens sein könnten.

Wenn nun diese auf der Planlosigkeit der Produktion in der kapitalistischen Verkehrswirtschaft fußenden Konjunkturerklärungsversuche abzulehnen sind, wo liegen dann die Ursachen für die Unterbrechungen der wirtschaftlichen Aufwärtsentwicklung, warum haben wir periodische, also wohl doch immer wieder von ein und derselben Ursache hervorgerufene Stockungen und Rückschläge (Krisen) zu verzeichnen? Der Streit um die vorerwähnten Disproportionalitätstheorien hat zu Erklärungsversuchen geführt, die wir wohl als die Vorläufer jener Konjunkturtheorie, die uns heute LEDERER bietet, bezeichnen dürfen und die ihren klaren Niederschlag in der Auseinandersetzung zwischen v. KIRCHMANN und RODBERTUS finden. Von RODBERTUS wird unser Weg über HERKNER — den HERKNER der 90iger Jahre — zu LEDERER führen.

§ 4. Wachsende Produktivität und gleichbleibende Kaufkraft der Konsumentenmassen in der kapitalistischen Verkehrswirtschaft.

Die absolute Aufnahmefähigkeit für Güter ist unbegrenzt, aber in der eigentümlichen Organisation der Tauschwirtschaft findet diese Aufnahmefähigkeit ihre Grenze in derjenigen Nachfrage, die mit der nötigen Tauschfähigkeit, der nötigen Kaufkraft ausgerüstet ist. So ist das Vermögen eines jeden einzelnen kaufkräftig nachzufragen bestimmt, nicht durch seine Produktivität, sondern durch den Anteil, den er vom Wert des Produktes erhält, d. h. die Nachfrage des einzelnen, die Möglichkeit Produktion von der Konsumseite her in Bewegung zu setzen, ist begrenzt durch den Anteil, den er an der Gesamtproduktion der Periode zugesprochen erhält. Es scheint aber erwiesen zu sein, daß die Quote der Arbeiter am Gesamtprodukt nicht gleich bleibt, daß vielmehr der einzelne Arbeiter zwar insofern gleichen Lohn erhält, als er stets die gleiche Menge Bedarfsdeckungsmittel dafür erstehen kann, wobei aber zu beachten ist, daß demgegenüber die mit gleichem Kräfteaufwand erzeugte Produktmenge gestiegen ist. Wenn nun der größere Teil der Wirtschafter bei steigender Produktivität, also steigendem Ertrage, nicht imstande ist, auch mehr Nachfrage nach Gütern auszuüben, so muß das zu Absatzstockungen führen. Es entsteht so eine Grenze für die Aufnahmefähigkeit für die meistgebrauchten Produkte. Der Fortschritt der Produktion ist begrenzt von seiten der Kaufkraft her, folglich gibt es eine allgemeine Überproduktion neben der partiellen. Die Unternehmer werden immer wieder entsprechend der steigenden Produktivität den Produktionsapparat für die Waren, auf die der Begehr der Masse der Konsumenten sich richtet, verkleinern müssen. Sie werden gezwungen sein, Produkte zur Befriedigung anderer Bedürfnisse, nämlich derjenigen, die geäußert werden von der Masse der Wirtschafter, deren Anteilsquote nicht wie die der Arbeiter gleichbleibt, sondern entsprechend der steigenden Produktivität zunimmt, herzustellen. So erscheinen die Handelskrisen als im Wesen der kapitalistischen Verkehrswirtschaft begründet, das ein Gleichbleiben der Quote der Arbeiter nicht gestattet, sondern bei gleichbleibender Lohnkaufkraft ein Absinken der Quote bewirkt. „Daher die unausgesetzte Nichtbefriedigung in unserer Gesellschaft bei unausgesetzter Produktivitätssteigerung, daher das chronische Leiden der Schwierigkeit des Absatzes und des unausgesetzten Kampfes der Arbeit mit der Not.“ Die Handelskrisen treten daher nur stets nach einer bedeutenden Steigerung der Produktivität ein, wodurch die erzeugte Produktenmenge eben die Kaufkraft der Anteile der breiten Masse überschreitet.

Noch eines deutet Rodbertus an, daß nämlich bei Fortgang der Produktion, wie hier geschildert, mit steigender Produktivität immer mehr Güter zur Deckung des Bedarfs der Reichen produziert werden müßten, daß aber auch die Reichen nicht gewillt sind, immer mehr zu konsumieren, im Gegenteil, ihr Wille auf stetes Sparen gerichtet ist. Wozu dann also neue Produktionsmittel? Hier findet sich als Folge der gegebenen Wirtschaftsordnung eine absolute Grenze für den Fortschritt. Schuld trägt das System der freien Konkurrenz, das Staatseigentum an den Produktionsmitteln würde andere Verwendung derselben für den Massenbedarf bringen. Die Krisen entstehen also, weil die steigende Produktivität den Unternehmer zu steigendem Angebot befähigt, er sich aber infolge des aus dem Verteilungssystem unserer Wirtschaftsform hervorgehenden Kaufkraftmangels der Massen gleichgebliebener Nachfrage gegenüber sieht.

Ähnliche Ergebnisse wie die Theorie des Rodbertus zeitigten auch die Lehren von Lauderdale und Sismondi, auf die Herkner im besonderen sich stützt. Für ihn haben diese Theorien erwiesen, daß der sich selbst überlassene Verkehr die Tendenz zur Ungleichheit der Einkommens- und Vermögensverteilung in sich schließt, daher die Kaufkraft der großen Masse der Bevölkerung nicht entsprechend der Produktionssteigerung zunimmt und aus dem Mißverhältnis zwischen

Kaufkraft und Produktivkraft der arbeitenden Klassen sich Absatzstockungen ergeben. Es herrscht ein Zustand „latenter Krise".

Während RODBERTUS sich noch speziell mit den Krisen beschäftigt, ist die Feststellung bei HERKNER schon auf die Eigenart unserer gesamten Entwicklung gerichtet. Wie bei LEDERER, so auch hier die Frage, warum keine rückschlagslose Aufwärtsentwicklung? Was hemmt den steten Fortschritt?

§ 5. Die Produktivitätssteigerung führt auf Grund der Verteilung des Einkommens in der kapitalistischen Verkehrswirtschaft zu einseitiger Vermehrung der Akkumulation.

Haben wir bei RODBERTUS lediglich konstatiert, daß die Massenkaufkraft sich nicht in gleicher Weise entwickelt wie die Produktivkraft, so zeigt uns HERKNER, was nun an Stelle dieser fehlenden Massenkaufkraft tritt. Auf die Frage nach den Ursachen der Stockungserscheinungen gibt er in seiner Schilderung der schwierigen Absatzverhältnisse für den Unternehmer die Antwort. Eben diese Schwierigkeit des Absatzes hemmt die Entwicklung. Weil schon der Absatz der jetzigen Warenmenge so erschwert ist, deshalb schwindet das Interesse des Unternehmers an weiterer Steigerung der Produktivität an technischen Fortschritten, denn wo sollte eine noch gesteigerte Produktenmenge Absatz finden?

Die Erklärung dieser Absatzschwierigkeiten ergibt sich daraus, daß „die *effektive* Nachfrage nach genuß- und gebrauchsreifen Produkten des Massenkonsums sich langsamer entwickelt, als die Nachfrage nach Produktionsmitteln"[1]. Die der kapitalistischen Verkehrswirtschaft eigentümlichen Eigentumsverhältnisse in Verbindung mit dem überaus starken Kapitalisierungswillen der reicheren Volksschichten bedingen diese auseinandergehende Entwicklung. „Die Kapitalisierung erfolgt nicht mit Rücksicht auf die Kapitalbedürfnisse der Wirtschaft, sie entspringt vielmehr dem Verwertungsbedürfnis des Kapitals selbst[2]". Der Sparer stellt dem Weniger bei der Anteilnahme der Arbeiterschaft am Konsum nicht etwa ein Konsumtionsmehr seinerseits gegenüber, er will gar nicht verzehren, sondern eben sparen. Wenn nun auch behauptet wird, sparen bedeute ja Anlage des Kapitals, Neuproduktion von Produktionsmitteln, und somit Nachfrage nach Arbeitskräften zur Herstellung derselben, so ist doch zu beachten, daß diese Neuanlagen mehr Produkte auf den Markt bringen werden als die Arbeiter mit ihrer Lohn-

---

[1] HERKNER: Krisen. Handw. d. Stw. 1892. Sperrung von mir.
[2] HERKNER: Krisen. Handw. d. Stw. 1892, S. 896.
Es sei nochmals vermerkt, daß hier auf HERKNERS Ausführungen im Handw. d. Stw. von 1892 Bezug genommen wird, nicht auf seine heutige Meinung.

kaufkraft zum Konsum erwerben können und was daran fehlt, wird eben nicht von den in Genuß einer größeren Quote bei der Verteilung gelangenden Schichten zu konsumtiver Nachfrage verwandt, vielmehr zu erneuter Ausweitung des Produktionsapparates. So sei augenscheinlich, auch empirisch im übrigen erwiesen, daß die Kaufkraft der großen Masse sich weit langsamer ausdehne, als die Kapazität des Produktionsapparates. Es bleibt dabei: „Den springenden Punkt bildet die gewinnbringende, den überlieferten Verhältnissen entsprechende Anlage[1]". „Der Normalzustand" der Wirtschaft wäre also nur herstellbar durch Steigerung des Massenkonsums, stärkere Nachfrage nach Konsumgütern und Einschränkung der Nachfrage nach Produktionsmitteln mittels Änderung der Einkommensverteilung.

Nun meint Herkner allerdings, daß zur Erklärung der Krise dies eine Moment — das ihm aber doch auch das ausschlaggebende zu sein scheint, wenngleich er sagt, die Unterkonsumtionstheorie reiche nur zur Erklärung der Depression aus, während die Krise damit um so weniger erklärt werden könnte, als ihr ja gerade eine Zeit steigender Löhne vorausgehe — nicht genüge, vielmehr mehrere verschiedenartige Erscheinungen gemeinsam den Umschwung von Hochkonjunktur zur Krise bzw. zur Stockung bewirke. Wir sehen aber doch, daß eine Änderung der Einkommensverhältnisse auch nach seiner Meinung einen stetigeren Fortschritt der Wirtschaft zu gewährleisten scheint. Dieser Punkt, werden wir sehen, ist aber das für unsere weiteren Überlegungen Entscheidende.

§ 6. Die Ursache der Entwicklungsrückschläge ist im Verteilungssystem der kapitalistischen Verkehrswirtschaft zu suchen.

Betrachten wir nun mit Lederer den Gang der einzelnen Konjunkturphasen und suchen die bisherigen Erklärungen der Konjunkturentstehungen darauf anzuwenden, so erhalten wir die Lederersche Konjunkturtheorie, die hier jedoch nur soweit Beachtung finden soll, als sie die Frage nach der Lohnhöhe tangiert.

Wir sehen, daß der Übergang von Depression zum Aufstieg sich ergibt als Folge veränderter Nachfrageverhältnisse, als Folge neuer Preiskonstellationen. Ein immer schnelleres Ansteigen der Preise ist im Aufschwung und der Hochkonjunktur (wenigstens anfangs noch) zu verzeichnen, aber die Preise steigen nicht alle gleichmäßig. Es ändern sich die Preisrelationen. Im Aufstieg steigen am schnellsten die Preise der Rohprodukte. Die Fertigwaren folgen nach und zuletzt erst Löhne und Gehälter. Es ist nun ganz selbstverständlich, daß den Produktionszweigen, in denen die Preise am schnellsten dem übrigen voraus anziehen, sich das Kapital, das ja dem höchsten Ertrag zustrebt, zuwendet und

[1] Herkner a. a. O.

zu rascherer Ausdehnung derselben führt, als dies bei den Zweigen mit langsamer steigenden Preisen der Fall ist. Jeder gezahlte Preis ist Teil eines Einkommens, das Einkommen des Einzelwirtschafters setzt sich ja schließlich zusammen aus der Vergütung jeder von ihm gelieferten Mitwirkung in der Produktion und der Anzahl eben dieser Leistungen. Mit den Preisen verändern sich also auch die Einkommen, und Verschiebungen in den Preisrelationen bedeuten zugleich Verschiebungen in der Anteilnahme der verschiedenen Einkommenschichten am Ertrage der Gesamtproduktion. Die Feststellung, daß Lohn und Gehälter am langsamsten der allgemeinen Preissteigerung entsprechen, zeigte ja schon, daß diese Einkommenklassen zu geringerem Teile an der Produktionsausdehnung, ihrem Erfolg, teilhaben als die übrigen. Die Gewinne der Unternehmer, auch hier stehen einige Gruppen voraus, steigen am raschesten. Die Verwendung der Einkommen aber ist bestimmend für die neue Produktion. „Denn die Produktion schließt in sich das Gesetz der Verteilung des Produktionserfolges und die erfolgte Verteilung wiederum ist die Einleitung einer neuen Produktion, ist bestimmend für eine neue Produktionsperiode. So schließt sich ein Jahresring der Produktion an den anderen, jeder Produktionsprozeß ergibt einen Verteilungsprozeß, sowie er seinerseits aus einem Verteilungsprozeß hervorging[1]." Die schnellere Zunahme der akkumulierenden Einkommen bedeutet gesteigerte Nachfrage nach Kapitalgütern, nach Produktionsmitteln, und ihr steht gegenüber ein *quotenmäßiger* Rückgang des Ertragsanteils, der in der Hauptsache konsumierenden Einkommenbezieher. Es wird also die Herstellung von Konsumgütern eine langsamere Ausdehnung erfahren als diejenige der Produktionsmittel und Produktionsanlagen für die letztere. Der Produktionsapparat hat nur den einen Endzweck, den Konsumbedarf der Wirtschafter zu befriedigen und dieser ist ungeahnt groß, aber den Wirtschaftern steht nur Kaufkraft in beschränktem Maße zur Verfügung und in der ansteigenden Konjunktur geht nun auch noch diese Kaufkraftmenge, gemessen an der steigenden Leistungsfähigkeit des Produktionsapparates, zurück. Es muß also unbedingt eine Stockung sich ergeben, wenn der ausgedehnte Produktionsapparat nun eine vergrößerte Gütermenge auf den Markt wirft, die dann nicht zu angemessenem Preis absetzbar ist. Die gestiegene Produktionskapazität und die zurückgebliebene Nachfrage sind das Ergebnis der vorangegangenen Einkommensverteilung. „So entsteht eine Disproportionalität der Produktion, welche aber im Rahmen der Einkommensverteilung gar keine Disproportionalität ist, sondern lediglich der Verteilung der Kaufkraft in der Volkswirtschaft entspricht. Diese relativ zu starke Ausdehnung der Produktionsmittelindustrie ist bei der Diffe-

[1] LEDERER: Grundzüge, S. 92.

renzierung der Einkommen eine notwendige Folge, *wenn nicht die Unternehmer selbst ihren Konsum entsprechend den gesteigerten Gewinnen ausdehnen* . . . ., die Akkumulation muß also unter allen Umständen zu schnell vor sich gehen[1]". Diese Art Einkommensverteilung ist aber die Folge der Organisationsform der kapitalistischen Verkehrswirtschaft, insonderheit des privaten Besitzes an den Produktionsmitteln, der einen Teil der Wirtschafter immer größere Reichtümer anhäufen läßt und so verhindert, daß Ausdehnung des Produktionsapparates und Entwicklung der Konsumkaufkraft einander entsprechen. Von Zeit zu Zeit kommt daher — aus dem Wesen unserer Wirtschaftsordnung erklärbar — die Absatzkrise, und es folgt eine Zeit der Angleichung der Kaufkraft und des Angebotes am Markte, eine Zeit der Konsolidierung, die dann wieder in einen Abschnitt lebhafteren Geschäftsganges übergeht.

Zweiter Abschnitt.

Die Möglichkeiten, eine stete Aufwärtsentwicklung der Wirtschaft herbeizuführen.

§ 1. Die Folgen der einem steten Aufstieg feindlichen Planlosigkeit der Produktion in der kapitalistischen Verkehrswirtschaft wären durch planmäßiges Eingreifen in die Verteilung des Produktionsertrages zu beseitigen.

Die Ursache der Wellenbewegung scheint nun erkannt zu sein. Welche Möglichkeit bietet sich, dieselbe zu beseitigen und zu einer stetigen Aufwärtsentwicklung zu kommen? Von der Seite der Produktion her würde der letzteren nichts im Wege stehen. Selbst die landwirtschaftliche Produktion ist mittels zweckmäßiger Kombination der Produktivkräfte mittels richtiger Anwendung der Tecknik weitestgehend durch den Menschen bestimmbar. In der Industrie kommt es nur auf die zweckmäßigste Kombination an und so ist schon in der kapitalistischen Wirtschaft, wenn nur die zur Verfügung stehenden Mittel so verwendet werden, daß Produktion und Konsumtion in Einklang stehen, eine Stetigkeit der Entwicklung denkbar.

Es käme also nur darauf an, durch organisatorische Maßnahmen die Verwendung des Produktionsertrages zu regeln, indem man entweder die Reichen veranlassen würde, ihren Konsum ständig zu steigern (siehe das obige Zitat aus LEDERER) oder indem man die Quote der Arbeitermassen gleichbleiben oder sogar wachsen läßt. Es wäre damit nicht nur dem Gerechtigkeitsempfinden Genüge getan — die Arbeiterschaft nähme ja jetzt auch teil an den Segnungen ständig erhöhter Produktivität —, sondern gerade diese Produktivitätssteigerung erführe statt wie bisher eine Hemmung, nun noch eine Steigerung. Die Absatzschwierigkeiten, die

[1] G. d. S., S. 394. Auszeichnung von mir.

immer wieder periodisch sich ergeben, und das teilweise Brachliegen der Erzeugungsanlagen während der Depression hemmen zweifellos die Aufwärtsentwicklung. Durch das Gleichbleiben der Quote der Arbeiterschaft bei der Verteilung würde somit ein Moment der Stetigkeit und Regelmäßigkeit in die ganze Wirtschaft hineingetragen; die Kalkulation, wie die Gewinnmöglichkeit der Unternehmer, würde sichere Unterlagen erhalten, und stetigere Ausnutzung der Produktivkräfte, seien es die Produktionsmittel, sei es die Arbeitskraft, wäre möglich. „Nur wenn der Lohn niemals Rückschläge erfährt, wird auch auf dem Markte die gesamte Kaufkraft niemals einen Rückschlag erfahren, und es werden infolgedessen nicht plötzliche Störungen des Warenabsatzes eintreten, welche durch ihre Rückwirkung auf die übrigen Märkte schließlich eine allgemeine Störung zur Folge haben könnten[1].“

§ 2. Der Lohn als Kostenfaktor.

Nun ist ja aber der Lohn nicht nur Einkommen, sondern auch Kostenelement und man muß sich wohl die Frage vorlegen, ob nicht, was auf der einen Seite nützlich ist, auf der anderen schaden muß. Man kann sich aber auch fragen, ob nicht eine Kostenerhöhung die nominelle Lohnerhöhung dadurch unwirksam macht, daß sie in einer Preiserhöhung ausmündet, denn nur bei gleichbleibenden Preisen kann ja die verlangte Maßnahme zur Reallohnerhöhung, also Konsumkaufkraftsteigerung, führen.

Der Unternehmer ist stets bestrebt, einen so hohen Gewinn als irgend möglich zu machen, und wenn er eine Kostensteigerung nicht vermeiden kann, wenn der Preis eines notwendigen Produktionsgutes gestiegen ist, so wird er im Interesse eines gleichbleibenden Absatzes in den meisten Fällen nicht zu Preiserhöhungen schreiten, sondern zunächst versuchen, irgendeinen anderen Kostenfaktor zu senken, also den Aufbau der Gesamtkosten zu ändern. Er wird bemüht sein, in seinem Betrieb Verbesserungen durchzuführen, durch die Ersparnisse zu erzielen sind. Und dies Bemühen wird nicht nur ihm in Gestalt gleichbleibenden Gewinnes, sondern auch der gesamten Volkswirtschaft in Form gesteigerter Produktivität zugute kommen. Von besonderer Bedeutung ist diese mögliche Einflußnahme der steigenden Lohnkosten auf die Verwendung der Produktionsmittel in Zeiten rasch ansteigender Preise, in denen nämlich auch schlecht fundierte wirtschaftlich überflüssige Unternehmungen florieren, Fehlinvestitionen dadurch möglich werden, die erst wieder unter normalen Verhältnissen sich als falsch und somit verlustbringend zeigen. Höhere Löhne aber würden bewirken, daß nur gut fundierte, solide Unternehmen sich halten, Inflationsgründungen

---

[1] Stuttgarter Protokoll.

aber aussichtslos erscheinen würden. Auch der Besitzer oder Leiter schon bestehender Unternehmen würde vorsichtiger in seiner Geschäftsgebarung verfahren auf Grund des gesteigerten Risikos. Daher sagt LEDERER den Betriebsräten des Metallarbeiterverbandes in seiner Stuttgarter Rede: „Die Sorge der Gewerkschaften muß es sein, die Löhne in der guten Konjunktur auszuschöpfen und sie können es mit gutem Gewissen tun, weil dadurch eben ein Druck auf den Unternehmer geübt wird, in seinem Betriebe vernünftig zu handeln, zu nebelhafte Investitionen zu unterlassen und diejenigen Veränderungen im Produktionsprozeß vorzunehmen, welche ihm gestatten, auch einen größeren Lohn zu bezahlen[1].“ Also eine Kostensteigerung wird nicht eintreten und die Lohnerhöhung aus den Rationalisierungsgewinnen zu tragen sein. Der Unternehmer als Lenker der Produktion hat die Aufgabe, die bestmögliche Kombination der Produktionsmittel durchzusetzen und die Lohnerhöhung weist ihn immer wieder auf diese seine volkswirtschaftlich so entscheidende Aufgabe hin. Er zieht aus der Organisation der Produktivkräfte einen erheblichen Gewinn. Irrt er sich, so muß er den Verlust tragen, das Risiko liegt auf seinen Schultern. Wenn aber der Arbeiter zu niedrigen Lohn erhält, so ist es dem Unternehmer leicht gemacht, bei veralteten Produktionsmethoden zu verweilen, das Risiko ist also durch den niedrigen Lohn verringert. „*Es soll sichs aber niemand zu leicht machen und wenn der Unternehmer eine zu leichte Kalkulation hat in Form zu niedriger Löhne, dann entsteht die Gefahr falscher Investitionen*[1].“ Die Lohnerhöhungen sind also auch von der Kostenseite her betrachtet geeignet, den wirtschaftlichen Fortschritt zu fördern.

§ 3. Lohnerhöhung als Gefahr für die Akkumulation.

Wenn durch Änderung der Verteilung gerade die akkumulierenden Einkommenschichten in ungünstigem Sinne getroffen werden, so gibt das zur Befürchtung Anlaß, daß die nötige Kapitalbildung gefährdet wird. Wir haben aber schon auf die Gefahr, daß die willkürliche Einkommenverwendung des einzelnen zu unzeitgemäßer, vom Standpunkt der Gesamtheit unwirtschaftlicher Akkumulation führt, hingewiesen, und gerade die Lohnerhöhung sollte hier das Mittel zur Korrektur bieten. Dies ist insbesondere in Zeiten hoher Gewinne, wie der Konjunkturanstieg sie mit sich bringt, zu beachten. Gerade hier, so ergab die bisherige Untersuchung, trugen die großen Gewinne und das dadurch gesteigerte Akkumulationsvermögen, die Gefahr des Konjunkturumbruches in sich, und die Steigerung der Konsumkraft war notwendig.

Eine Änderung der Einkommenverteilung scheint also nach jeder Richtung hin erwünscht zu sein, die Frage ist nur noch, wie sie zu erreichen ist.

[1] LEDERER: Stuttgarter Rede, S. 28.

§ 4. Eine volkswirtschaftliche Aufgabe der Gewerkschaften.

Man hat sich von dem früher vertretenen Standpunkt, daß der Lohn unter dem Einfluß natürlicher Gesetze immer auf seinem Tiefstand beharren müsse, abgewandt und an Stelle des Begriffes vom natürlichen Lohn den des politischen Lohnes gesetzt, d. h. wer im Besitze der Macht ist, bestimmt den Lohn. Die Macht des einzelnen Arbeiters seinem Arbeitgeber gegenüber ist gering, aber an seine Stelle ist die Macht der Arbeitergesamtheit, der Gewerkschaft, getreten. Der Unternehmer wird Gewerkschaftsforderungen gegenüber deshalb nachgiebiger sein, weil er ja schließlich auf die Mitwirkung der Arbeit im Produktionsprozeß angewiesen ist. Wenn wir es hier wirklich mit einer großen Macht zu tun hätten, so könnte der Gedanke aufkommen, daß auch in der heutigen Zeit zu höhe Löhne durchgesetzt würden, daß also dennoch die Erweiterung des Produktionsapparates durch eine auf machtmäßiger Grundlage ruhende Erweiterung der Konsumtion zu stark beschränkt würde. Theoretisch wäre das gewiß denkbar, aber praktisch bei unserer heutigen Organisation der Gewerkschaften wohl kaum. Die letzteren sind heute von Männern geführt und beraten, die das Wirtschaftsleben genau so gut überblicken können, wie die Vertreter der Unternehmer. Die Gewerkschaften wissen wohl, daß sie mit zu hohen Lohnforderungen die Wirtschaft ruinieren würden zum Schaden der Arbeiter selbst. „So einfach sehen ja die Gewerkschaften die Wirtschaftslage nicht, daß sie sie nicht übersehen könnten und solche Schläge ausführen würden[1].“ Und dann ist es doch nicht so, daß etwa die Gewerkschaften als geschlossene Macht dem einzelnen Unternehmer gegenüberständen, sondern die Unternehmerschaft steht in sehr starken Verbänden zusammen, hat überdies einen entscheidenden Einfluß auf die Wirtschaftspolitik, ist durch Zollmauern geschützt und kann den Kostenerhöhungen durch Preiserhöhungen ihrerseits ausweichen, also kann von einer Monopolstellung der Gewerkschaften keine Rede sein. Zusammenfassend sei also gesagt, „daß es die Aufgabe der Gewerkschaften ist, für die wirtschaftlich wichtigen und *möglichen*[2] Lohnerhöhungen zu sorgen, bei aller Wahrung und aller Bedachtnahme auf wirtschaftliche Interessen, die unter Umständen eine plötzliche Lohnerhöhung gefährlich erscheinen lassen können, z. B. in der Exportindustrie“. Sie haben dafür zu sorgen, „daß die Konjunktur nicht auf Kosten der Lohnentwicklung finanziert wird . . ., und daß nicht Pläne gefaßt werden als Folge eines zu niederen Lohnes und einer zu starken Organisation der Unternehmer[3]“. Sie haben dafür das Vorbild der amerikanischen Gewerkschaften. „Die amerika-

[1] Stuttgarter Rede, S. 28. Auszeichnung von mir.
[2] Stuttgarter Rede, S. 31.
[3] Stuttgarter Rede, S. 31. Auszeichnung von mir.

nischen Gewerkschaften erblicken ihre Aufgabe darin, Zeiten der Depression überhaupt dadurch auszuschalten, daß der Anteil des Arbeiters an der Gesamtproduktion immer mindestens derselbe ist oder niemals ein Rückschlag in diesem Sinne eintritt."

§ 5. Von der Bedeutung hoher Löhne für die Volkswirtschaft und der gewerkschaftlichen Begründung von Lohnforderungen.

Unsere Darlegungen haben sich weder mit der Konjunkturlehre an sich noch mit der Lohnpreislehre und Lohnpolitik als solcher zu befassen. Es ist vielmehr unsere Absicht, zu untersuchen, ob das Auf und Ab der Wirtschaftsbewegung seine Ursache in der Lohngestaltung hat und ob also ein Eingriff in die Verteilung durch künstliche Lohnerhöhung die Wirtschaftsentwicklung zu begünstigen geeignet ist. Nachdem wir versucht haben, diejenige Theorie hier wiederzugeben, die das wesentliche, das Kernproblem der Wellenbewegung des Wirtschaftslebens in der der kapitalistischen Verkehrswirtschaft eigentümlichen Einkommens- und Lohnpreisbildung sieht, deuteten wir die sich aus dieser Theorie ergebenden Konsequenzen für die Lohnpolitik an, was uns Veranlassung gibt, die Wirkungen der geforderten Lohnerhöhungen noch eingehender zu untersuchen. Dieser Aufgabe, die wir als Fortbildung der zuvor geschilderten Konjunkturerklärung betrachten, hat sich Dr. Karl Massar in seiner Schrift „Die volkswirtschaftliche Funktion hoher Löhne" unterzogen. Wir werden den uns wesentlich erscheinenden Teil des Inhalts wiedergeben, um so ein geschlossenes Bild der Lederer-Massarschen Theorie im Hinblick auf Lohnforderungen und der Folgen praktischer Verwirklichung derselben zu geben. Wie sich zeigen wird, kann man mit Recht diese Theorie nicht nur als „lohnbetonte Konjunkturtheorie", sondern darüber hinaus als „lohnbetonte Theorie der wirtschaftlichen Entwicklung" überhaupt bezeichnen.

Massar untersucht zunächst in einem allgemeinen Teil seiner Schrift die Berechtigung verschiedener Lohntheorien und zeichnet dann seine eigene Auffassung dahingehend, daß es absolute Grenzen für die Lohnhöhe nicht gibt, daß also theoretisch die Möglichkeit weiterer Lohnsteigerungen weitestgehend gegeben ist, es sich aber darum handelt, festzustellen, wodurch nun jeweils Grenzpfähle für Lohnschwankungen errichtet sind und wie Lohnerhöhungen auf die Gesamtentwicklung der Volkswirtschaft einwirken.

a) Lohnerhöhung und Konsum.

Durch Lohnänderungen wird das Nachfragebild geändert, die Konsumseite kann Verschiebungen erfahren. Erhöht sich die Lohnquote, so wird die Verteilung des Produktionsertrages in gleicher Weise geändert, d. h. der Arbeiter ist jetzt mit einem größeren Teil am Gesamtergebnis der Produktion bedacht, also müssen andere Einkommen von ihrer bisherigen Höhe herabsinken. Die Kompensationsmöglichkeiten für Lohnerhöhungen liegen nach MASSAR bei Betrachtung der Konsumseite in:

1. Einschränkung des Unternehmerkonsums.
2. Privatwirtschaftliche Abwälzung, d. h. die übrigen Einkommenbezieher tragen die Lohnerhöhung.
3. Volkswirtschaftliche Abwälzung.
4. Kreditaufnahme.

MASSAR selbst mißt der Einschränkung des Unternehmerkonsums zwar nicht allzu große Bedeutung bei, da es sich hier um zu unbedeutende Summen handele, aber er legt doch Wert darauf, die Folgen dieser immerhin theoretisch denkbaren Konsumverschiebung aufzuzeigen. Wenn der Unternehmer seinen Bedarf einschränkt, so wird er zuerst Abstriche machen, bei dem, was MASSAR den Schwerluxus nennt, bei den überflüssigen Bequemlichkeiten, deren Wegfall ihm am wenigsten ausmacht. Er wird also etwa statt drei Autos nunmehr zwei halten. Oder seiner Frau zum Geburtstag statt eines Diamantdiadems nur einen Diamantring schenken. Das bedeutet aber, daß die Industrien, die die Gegenstände des Schwerluxus herstellen, einen Nachfrageverlust erleiden. Die so beim Unternehmer nicht verausgabte Kaufkraft wird nun den Arbeitern gegeben, und diese befinden sich zwar auf verschiedenen Einkommenstufen — der Sättigungsgrad der Bedürfnisse ist also verschieden groß — aber sie haben doch alle ein so niedriges Einkommen, daß weitere Sättigung noch lebensnotwendiger Bedürfnisse wichtiger ist, als die Befriedigung eines Luxusbedarfes. Es wird also der Massenkonsum eine Erweiterung in dem Maße erfahren, als die Kaufkraft der Arbeiter gestärkt wird. Es ergibt sich in den Produktionen der Luxusgüter ein Nachfrageminus, dem ein Plus in der Herstellung für Gegenstände des Massenbedarfes gegenübersteht. Die Verschiebungstendenz innerhalb des Konsums ist dann: Luxusgut — höherwertiges Bedarfsgut — minderwertiges Bedarfsgut.

MASSAR betont jedoch, daß die Einschränkung des Unternehmerkonsums mengenmäßig so unbedeutend sei, daß sie zur Lösung unseres Problems nicht ausreiche. Größere Bedeutung aber für die Kompensation der steigenden Lohnquote im Komplex der Produktionskosten ist schon der Möglichkeit direkter Abwälzung der steigenden Kosten auf die Konsumenten durch Preiserhöhung beizumessen.

Gewiß gibt es für Preiserhöhungen Grenzen, die auch wiederum verschieden sind, je nachdem, ob sie ein lebensnotwendiges Produkt betreffen oder nicht, und weiter danach, ob es sich um eine Industrie mit mehr oder weniger gesicherter Monopolstellung handelt und auch bei der ausgesprochenen Monopolindustrie gibt es ja noch einen Optimalpunkt, an dem Preiserhöhung nicht mehr den Gewinn steigert. Wie dem auch sei, die Betrachtung dieses Falles zeigt, daß Lohnerhöhungen, die durch Abwälzung kompensiert werden, ebenfalls zur Verschiebung des Konsums in Richtung des Luxuskonsums zu Bedarfskonsum führt. Es handelt sich allerdings nur um eine privatwirtschaftliche, nicht um eine volkswirtschaftliche Abwälzung, da ja dem Mehr, das nach erfolgter Preiserhöhung für dies Produkt aufgewandt werden muß, ein Weniger bei einem anderen Ausgabeposten gegenübersteht, also nur eine Verschiebung im Gesamtverbrauch eintritt. Diese aber kann ihrerseits volkswirtschaftlich relevante Folgen haben.

Die Preiserhöhung im Ausmaß der Produktionskostenerhöhung durch Lohnsteigerung hat verschiedene Wirkungen, je nachdem, ob es sich handelt um ein Luxusgut oder ein lebensnotwendiges Bedarfsgut. Es erfolgt bei ersterem einfach ein Wegfall, der bisher gerade noch als Nachfrager erfolgreichen Wirtschafter, also ein Rückgang des für diesen Luxus bisher verwendeten Einkommenteiles der Gesamtwirtschaft, dem nun in Gestalt des gesteigerten Lohneinkommens der Arbeiter dieser Industrie ein größerer Einkommenteil gegenübersteht, der zur Nachfrage nach Gütern des Massen- und Bedarfskonsums Verwendung findet. Die Kosten der Lohnerhöhung tragen hier die Schichten der Luxuskonsumenten allein. Für die volkswirtschaftliche Betrachtung ergibt sich ein Wachsen des Massenkonsums als Auswirkung der privatwirtschaftlichen Abwälzung.

Die Luxusindustrie umfaßt aber nur einen kleinen Teil unserer Produktion. Andere Industrien sehen unter ihren Abnehmern auch Arbeiter. Wenn aber die Lohnerhöhung durch Preiserhöhung wett gemacht wird und die Arbeiter Konsumenten der preisgesteigerten Güter sind, so könnten sie nur eine Nominallohnsteigerung erreichen, es handelt sich aber für uns um die Erhöhung des Reallohnes. Wenn die Arbeiter allein Konsumenten der preisgesteigerten Güter wären, würde in diesem Falle die Lohnerhöhung für sie bedeutungslos sein. Für die meisten Produkte trifft diese Annahme aber nicht zu, da zu ihrem Konsumentenkreis auch andere Bevölkerungsschichten als die Arbeiter gehören. Die Arbeiter tragen also in diesem Falle nur zum Teil die Kosten der von ihnen durchgesetzten Lohnsteigerung. Dies gilt um so mehr, wenn Lohnsteigerungen nicht allen Arbeitern zugleich zugute kommen, es sich also um partielle Lohnerhöhungen handelt. Also die von der Lohnsteigerung betroffenen Arbeiter nur einen kleinen Teil der Verbraucherschaft, auf die insgesamt die höheren Lohnkosten abgewälzt werden, ausmachen. „Der Anteil des einzelnen Arbeiters an der Abwälzung ist dann so gering, daß die Lohnerhöhung sehr wohl zutage zu treten vermag[1].“ Wenn nun auch

[1] Massar: S. 29.

Arbeiterkreise ihren Verbrauch infolge des höheren Preises der Produkte einschränken müssen, so bedeutet dies zwar eine Einschränkung des Massenkonsums, aber dem steht die Ausdehnung desselben mit Hilfe der höheren Einkommen der lohngesteigerten Arbeiter gegenüber. Wird so auch die Verschiebung nach der Massenkonsumseite gemindert, die Tatsache derselben bleibt bestehen. In den weitaus meisten Fällen wird sie aus der Abwälzung folgen.

Die Möglichkeit, das Einkommen einer kleinen Gruppe von Wirtschaftern auf Kosten der übrigen zu erhöhen, liegt aber auch dann vor, wenn Produktivitätsfortschritte im Betrieb nicht zu Preissenkungen benutzt werden bzw. dem Gewinn des Unternehmens zugute kommen, sondern den Arbeitern in Gestalt einer Lohnerhöhung. Statt die breiten Käuferschichten in die Lage zu versetzen, ihren Bedarf entweder mit geringerer Kaufkraftaufwendung oder einen größeren Bedarf mit gleichen Kosten zu decken, wird die Arbeiterschaft des Unternehmens befähigt, ihren Konsum zu vergrößern. Massar sieht allerdings gerade in der Umkehr des eben Geschilderten das Normale. Die Lohnerhöhung wird die Ursache, die größere Wirtschaftlichkeit die aus der Suche nach Kompensationsmöglichkeiten sich ergebende Folge sein. Doch führt das schon von der Betrachtung der Konsumseite hinweg zur Frage der Einwirkung höherer Löhne auf die Produktion. Als Ergebnis des vorangehenden Abschnittes buchen wir also, daß Lohnerhöhungen auf der einen Seite den Massenkonsum steigern, auf der anderen den Luxuskonsum einengen.

b) *Einwirkungen von Lohnerhöhungen auf die Produktivität.*

„*Es ist aber bekannt, daß erst dort Taten zu erwarten sind, wo ein Anreiz vorhanden ist, und daß bei genügender Stärke des Anreizes auf irgendeinem Gebiet erstaunliche Leistungen vollbracht werden*[1].“ Im Sinne dieser Erwägung bieten nun hohe Löhne als Kostenfaktor einen starken Anreiz, die Produktion wirtschaftlicher zu gestalten, den Produktivitätsfortschritt zu beschleunigen. Der Unternehmer hat in der kapitalistischen Verkehrswirtschaft die Produktionsleitung in der Hand. An ihm liegt es, die Produktionskräfte so zu kombinieren, daß mit dem geringsten Mittel der größte Fortschritt erzielt wird. Eine Kostensteigerung im Produktionsprozeß wird ihn veranlassen, im Interesse seines Gewinnes neue Kombinationen zu ersinnen und durchzuführen. Es wird also etwa bisher zu kostspielige Substitution des Faktors Arbeit durch den Faktor Kapital stattfinden und wenn auch dadurch Arbeitskräfte freigesetzt werden, so werden diese ein Unterkommen in der Kapitalgüter produzierenden Industrie finden, die jetzt einen größeren Absatz zu verzeichnen hat oder auch in den Industrien, deren Arbeiterkonsumenten jetzt im

[1] Massar: S. 30. Auszeichnung von mir.

Besitze größerer Kaufkraftmengen sind. In diesem Sinne, sagt MASSAR, sei bei der Frage der Lohnerhöhungen zu denken an die „durch Einführung der Maschinen erzielbaren Mehrersparnisse, die eine fortschreitende Akkumulation und damit eine größer werdende Aufnahmefähigkeit des Absatzmarktes nach sich ziehen. Fortschreitender wirtschaftlicher Aufschwung und fortschreitende Kapitalisierung bilden die beste Grundlage für die Durchführbarkeit von Lohnerhöhungen[1].“

Daß gar mannigfaltige Möglichkeiten die technische und organisatorische Gestaltung der Produktion zu verbessern vorhanden sind, unterliegt keinem Zweifel, wie dies auch das Beispiel Amerikas uns immer wieder zeigt. Sei es, daß unproduktive Arbeitskräfte aus dem Betrieb entfernt, sei es, daß neue Maschinen eingestellt, technische Verbesserungen durchgeführt werden oder ergäbe sich etwa die Möglichkeit organisatorischer Umstellungen, etwa durch Einführung des laufenden Bandes oder auch Änderungen in der Verwaltung. Ein weiterer Weg, auf den die kostensteigernde Lohnerhöhung den Unternehmer weist, ist die stärkere Standardisierung und Typisierung, der auch durch Zunahme des Massenabsatzes Vorschub geleistet wird. Man baue etwa statt hundert verschiedener Autos nunmehr zehn Typen, und es wird sich eine erhebliche Produktionsverbilligung einstellen. BRENTANO wies auf eine andere mögliche Folge von Lohnerhöhungen hin, indem er betonte, daß hohe Kosten für den Produktionsfaktor Arbeit es ermöglichen würden, bisher als unrentabel verwendungsunfähige Erfindungen nunmehr für den Wirtschaftsfortschritt nutzbar zu machen. So bietet sich eine Fülle von Möglichkeiten für den Unternehmer, Lohnerhöhungen zu kompensieren und damit zugleich den Wirtschaftsfortschritt zu fördern. Erhöhte Rationalisierung wird als Folge des Lohndruckes erhofft und erwartet. Naheliegend ist dabei die Frage nach den Grenzen, die der Rationalisierung gesteckt sind, sowohl denen, die im einzelnen Betrieb auf der organisatorischen und technischen Seite, wie denen, die auf der Seite der volkswirtschaftlichen Mittelbeschaffung zu verzeichnen sind.

Die Qualitäten der verschiedenen Unternehmer sind verschieden. Der eine ist weitblickender, wird also auch früher und genauer und besser noch vorhandene Möglichkeiten, seinen Betrieb leistungsfähiger zu machen, erkennen. Auch die Durchführung der rationelleren Betriebsgestaltung wird dem einen besser gelingen als dem anderen. Aber damit ist nur die von persönlichen Verschiedenheiten her am weitesten hinausgeschobene Grenze aufgezeichnet, innerhalb deren bereits andere Momente wie „Unlust, Traditionalismus, Kreditfurcht“ Grenzpfähle errichten können. Es ist dem Unternehmer zu mühsam, den Betrieb immer wieder umzugestalten. Er ist's auch nun mal so gewöhnt, wie es

[1] MASSAR: S. 33.

jetzt ist. Es war schon bei seinem Vater so, warum soll er es anders machen. Er hat wohl auch so sein Auskommen. Auch die nötigen Kapitalien mögen fehlen; wird er die hohen Bankzinsen zahlen können, wenn er Geld aufnimmt? Weniger stark werden all diese Momente im Großbetrieb zur Geltung kommen, wo eine Abteilung die andere zu besseren Leistungen antreibt.

Ist erst einmal in einem Betrieb der Zwang zur Rationalisierung wirksam geworden, so pflanzt sich, da wir in einer Konkurrenzwirtschaft leben, derselbe auch auf andere Betriebe fort. Betriebsverbesserungen durch bloße Umstellungen innerhalb des vorhandenen Produktionsapparates verursachen im allgemeinen geringe Kosten. Man wird hier das Organisationsoptimum mit geringem Neuaufwand herbeiführen können. Weit fraglicher ist die ausgesprochen auf Neuinvestierungen beruhende Rationalisierung. Um auf diesem Wege größere Wirtschaftlichkeit des Betriebes zu erreichen, müssen Kapitalien evtl. vom Kreditmarkt beschafft werden, wobei zu bedenken ist, daß nicht nur die Amortisation und Zinszahlung für die Kredite erwirtschaftet, sondern auch der am Ausgangspunkt stehende höhere Lohn aus dem Produktionsertrag zu bestreiten ist. Angenommen aber, die nötige Kapitalkraft sei vorhanden, so findet die Rationalisierung ihre Grenzen in der Möglichkeit, Produktivkräfte zur Herstellung der nötigen Produktionsmittel bereitzustellen. In dem die Rationalisierung vorbereitenden Stadium werden Arbeitskräfte, werden Produktionsmittel in verstärktem Maße benötigt, werden diese vorhanden sein? Gewisse Reserven sind immer da, hier könnte nur ein Hemmnis liegen, wenn durch allseitige gleichzeitige Rationalisierung zu große Anforderungen an die betreffenden Märkte gestellt würden. Geht aber die Rationalisierung immer partiell nacheinander vor sich, so werden die nach erfolgter Rationalisierung in der einen Industrie frei gesetzten Arbeiter Beschäftigung finden durch die anschließende Rationalisierung in einer anderen.

Die Einwirkungen der Lohnerhöhungen auf den Konsum bewirken, wie wir sahen, eine Ausdehnung des Massenkonsums, und diese führt wiederum zu Umstellungen in der Produktion selbst, aus denen ebenfalls rationelleres Wirtschaften für die Volkswirtschaft sich ergibt. Im Luxusgut steckt mehr und zugleich höher qualifizierte persönliche Arbeit als im Massenbedarfsartikel. Bei ersterem sind ständige Umstellungen des Produzenten auf die Geschmackslaunen erforderlich, die einen stärkeren Umsatz an Produktionsmitteln mit sich bringt. Ganz anders bei der Massenproduktion. Die Handarbeit tritt hier zurück hinter die ergiebigere und daher billigere Maschinenarbeit, die massenhafte Herstellung erlaubt Standardisierung und Typisierung der Produktion sowie auch der zur Produktion erforderlichen Produktionsmittel. Derartige Vereinheitlichung bedeutet zweifellos ebenfalls Verbilligung, die nichts anderes als eine Kaufkraftsteigerung der weiten Konsumentenkreise zur Folge hat. Dies um so mehr, als erstens der Nominallohn der Arbeiterschaft gestiegen ist, und zweitens die Preise infolge billigerer Produktion gesenkt werden konnten. Daraus ergibt sich wiederum, daß die etwa auftauchende Befürchtung, es könnte die starke Substituierung von Arbeitskraft durch Maschinen zur Arbeitslosigkeit führen, unnötig ist, denn die Mehrproduktion (Folge der Kaufkrafterhöhung) wird wiederum die Nachfrage nach Produktionsmitteln steigern und damit zur Belebung der Arbeitsnachfrage führen. Wenn also auch die Arbeitsquote je Produkteinheit bei der Massenproduktion zurückgeht, so bringt die Zunahme der Zahl der Produktionseinheiten den Ausgleich mit sich. „Wir können feststellen: Innerhalb eines bestimmten Produktes nimmt die Quote der auf Kapital und Arbeit kommenden Beträge mit der fortschreitenden Normalisierung und Standardisierung der Produktion absolut ab. Die Folge ist eine relative Verbilligung des Produktes zugunsten der Konsumenten. Die Verbraucher werden instand gesetzt, mehr als bisher zu konsumieren. Ihr Wohlstand und ihr Reichtum heben sich, eine Tatsache, die weiter in günstigem Sinne auf die Produktion zurückstrahlt." So ergibt sich „eine recht paradoxe Tatsache: Lohnerhöhung auf der einen und Produktverbilligung — das Gegenteil von dem, was man erwarten sollte — auf der anderen Seite. In der Realität werden aber die Dinge in den meisten Fällen nicht so einfach liegen. Hier werden wir uns meist mit der Feststellung einer inneren Kaufkrafterhöhung des Gesamtlohnes begnügen müssen[1]."

Wir beschäftigen uns mit der Wirkung hoher und erhöhter Löhne auf die Wirtschaftsentwicklung überhaupt und wissen, daß der Grad, in dem diese Entwicklung voranschreitet, wesentlich bestimmt ist von dem Maße, in dem in der Volkswirtschaft akkumuliert, Kapital zur Verfügung gestellt wird. Die Akkumulation stützt sich nun aber besonders stark auf die Unternehmergewinne, und wenn diese Gewinne sehr beschränkt werden, so liegt die Gefahr nahe, daß damit die Akkumulation einen empfindlichen Rückgang erfährt, der Fortschrittsgrad herabgesetzt wird. Wenn dem nun in der Realität nicht so ist, so erklärt sich das zunächst daraus, daß eben eine volkswirtschaftliche Abwälzung der Lohnerhöhungen infolge der gesteigerten Wirtschaftlichkeit eintritt, also die Gewinne nicht geschmälert sind. Zum anderen aber finden wir die Erklärung in der Psyche des Unternehmers. „Die Pflicht zu sparen und die Verantwortlichkeit für die Ausdehunng des Unternehmens, liegen tief in der Unternehmerpsyche; die Pflicht ist hier eine Art Religosität[2]." Dies psychologische Moment treibt den Unternehmer dazu, mit allen Mitteln danach zu streben, daß sein Gewinn, die Möglichkeit

[1] Massar: S. 47.
[2] Massar: S. 49.

zu akkumulieren, nicht zurückgeht. Daß ihm hierfür die verschiedensten Möglichkeiten zu Gebote stehen, sahen wir schon. „Der Unternehmer wird aber sofort Mittel und Wege ersinnen, um dieser Profitminderung möglichst bald aus dem Wege zu gehen[1]."

Im übrigen muß die Einschränkung der Kapitalbereitstellung und der Kapitalgüterproduktion nicht immer volkswirtschaftlich bedenklich sein, z. B. dann nicht, wenn in Zeiten wirtschaftlichen Aufschwunges allzu große Unternehmergewinne eine zu starke Ausdehunng des Produktionsapparates befürchten lassen. Dies ist in den Jahren des Konjunkturanstieges, in denen infolge der Verschiebungen in der Einkommenverteilung die Nachfrage nach Produktionsmitteln stark zunimmt, diejenige nach Konsumgütern gleichbleibt oder doch mit geringerem Tempo steigt, gegeben. Die dadurch hervorgerufene auseinandergehende Entwicklung der beiden Produktionssphären führt zu Stockungen und Krisen; würde diese Entwicklung durch rechtzeitige Lohnerhöhung unmöglich gemacht, so wäre damit auch der Rückschlag in der wirtschaftlichen Aufwärtsentwicklung vermieden bzw. abgeschwächt, denn ein dauernder steter Aufstieg ist nur in der Planwirtschaft zu erwarten.

Die Resultate der LEDERER-MASSARschen Theorie finden in der Praxis insbesondere dort Verwertung, wo die Gewerkschaften ihre Lohnforderungen mit dem volkswirtschaftlichen Nutzen derselben begründen. In folgendem werden wir noch ein kurzes Bild der diesbezüglichen Gewerkschaftsäußerungen zu entwerfen suchen.

c) *Entwicklungstheoretische Begründung hoher Löhne durch die Gewerkschaften.*

Wir wollen unseren Ausgang nehmen von der Schrift des angesehenen Gewerkschaftsfüherrs FRITZ TARNOW: „Warum arm sein?", in der gezeigt wird, daß alle unsere heutige wirtschaftliche Not daraus entsteht, daß wir die Bedeutung von Lohnerhöhungen als Stärkung der wirksamen Kaufkraft nicht begriffen haben. Drei Thesen[2] sollen die Kernpunkte der TARNOWschen Ausführungen klarlegen:

1. Wir befinden uns in einer ständigen Absatzkrisis. Die Produktionsmöglichkeit ist größer als die Verbrauchsmöglichkeit.

2. Die vollkommene Planlosigkeit in der kapitalistischen Verkehrswirtschaft sowohl hinsichtlich Produktion, wie auch Verteilung des Produktionsertrages des Einkommens bewirkt die herrschenden Absatzschwierigkeiten.

3. Die Bedeutung des Lohnes als Konsumfaktor hat stark zugenommen. Zugleich hat die Bedeutung des Lohnes als Kostenfaktor ab-

[1] MASSAR: S. 51.
[2] Von mir aufgestellt als Zusammenfassung TARNOWscher Gedankengänge.

genommen, so daß Lohnerhöhungen ebenso möglich erscheinen, als sie notwendig sind.

Wir stehen heute nicht mehr vor der Frage, wie wir mit knappen Mitteln den wachsenden Bedarf befriedigen könnten. Das Wachstum der Bevölkerung bleibt weit hinter demjenigen der Produktionsmöglichkeiten zurück. Allein die Zahl der menschlichen Arbeitshände ist in den letzten Jahrzehnten stark gewachsen infolge der Umschichtungen in unserem Bevölkerungsaufbau. In noch größerem Maße ist die Zahl der maschinellen Arbeitskräfte gestiegen. Dies wäre nun nicht schlimm, sondern ein wahrer Segen für die Menschheit, denn Bedürfnisse sind in Hülle und Fülle vorhanden; aber es ist nicht mehr wie in der Bedarfsdeckungswirtschaft der Bedarf, der unmittelbar der Produktion als Zweck voransteht, der Erwerbsgedanke ist es heute, der dieselbe dirigiert, und nur der Bedarf wirkt sich aus, der mit Kaufkraft ausgerüstet ist. *Was uns fehlt, sind Absatzmöglichkeiten, nicht Produktionsmittel.* Die Kapazität unseres Produktionsapparates ist bei weitem nicht ausgenutzt — von einem Mangel an immobilen Kapital kann also offensichtlich nicht die Rede sein — und wenn uns mobiles Kapital mangelt, so können wir dieses aus dem Auslande beschaffen. *Es ist letzten Endes gleich, ob wir früher an deutsche Kapitalgeber Zinsen zahlten oder jetzt Ausländerkapitalisten in den Genuß dieser Renten kommen,* dadurch verschlechtert sich wohl die Lebenshaltung der früheren deutschen Kapitalgeber, aber nicht die Lage unserer Gesamtbevölkerung.

Wir haben in großem Maßstab rationalisiert, die Rationalisierung wird zu einer noch an Ausmaßen ungeheuer wachsenden Erscheinung in der kommenden Wirtschaftsentwicklung werden, wie das Vorgehen und die Kundgebungen amerikanischer Wirtschaftskreise uns lehrt. Rationalisierung heißt Produktivitätssteigerung. Die Aussichten, die sich der Produktion also bieten, sind ungeheuerlich. Wo finden wir den Absatz der so herzustellenden Produktmengen? Früher hatten wir Ausfuhr als Sicherheitsventil, diese Möglichkeit entfällt heute, da die ganze Welt an Überproduktion leidet. Es bleibt also nur die *Erweiterung des inneren Marktes.*

Wir betonten schon, daß die Absatzschwierigkeit nicht bestände, wenn die wirksame Nachfrage nicht nur die mit Kaufkraft ausgerüstete Nachfrage sei. Es kann nur produziert werden, was absatzfähig ist und wenn nicht absetzbar ist, was produziert werden konnte, so zeigt das, daß die Gesamtkaufkraft geringer ist als die Produktionskraft. Die Kaufkraft aber fließt aus dem Einkommen, und so muß die nationale Kaufkraft genau so groß sein wie das nationale Einkommen, also dem nationalen Arbeitsertrage entsprechen. Die Frage, warum der kaufkräftige Bedarf kleiner sei als die Produktionskraft, reduziert sich also auf die andere, wie es zu erklären sei, daß der Arbeitsertrag geringer ist, als die Produktionskraft. Nun wird gesagt, der Arbeitsertrag, die Menge dessen, was produziert wird, sei abhängig von der Absatzmöglichkeit, also der vorhandenen Kaufkraft. Wir bewegen uns also im Kreise und ein Ausweg aus diesem Zirkelschluß ergibt sich nur dann, wenn wir beachten, daß zwar theoretisch die Kaufkraftmenge, das Gesamteinkommen gleich dem Gesamtertrag der Arbeit ist, aber nicht so in der praktischen Wirklichkeit. Auf die Wirksamkeit der praktischen Kaufkraft kommt es also an, „und diese praktische Kaufkraft ist nicht das Resultat des Arbeitsertrages, sondern der Verteilung des Arbeitsertrages . . ., man muß begreifen, daß die praktisch wirksame Kaufkraft unmittelbar nicht ökonomischen, sondern sozialen Ursprunges ist". Die gesamte Kaufkraft müßte nämlich so verteilt sein, daß ein richtiges Verhältnis zwischen Konsum und Akkumulation herbeigeführt würde; wir sahen aber, daß dies Verhältnis heute in einem Mißverhältnis zuungunsten des Konsums besteht. Es fehlt uns nicht an Geld, um zu produzieren, vielmehr, um zu konsumieren. Aber: „*Der Mangel an Kaufkraft ist nicht die Ursache der Produktionsbeschränkung, sondern umgekehrt, beschneidet der Ausfall an Produktion das Einkommen der Nation und ist also Ursache des Kaufkraftmangels*[1]." Wenn nun die wirksame Kaufkraft automatisch mit der Größe der Produktion wüchse, so wäre das Kaufkraftproblem ein bloßes Produktionsproblem. Aber es liegt im System der kapitalistischen Wirtschaft gar kein Zwang dafür vor, daß die Verteilung so vor sich geht, daß auch eine der Produktionssteigerung entsprechende Zunahme der wirksamen Kaufkraft an der Verteilung sich ergibt. Dieselbe ist nicht „Resultat volkswirtschaftlicher Gesetze, sondern sozialer Machtverhältnisse". Es herrscht insofern in der kapitalistischen Wirtschaft Planlosigkeit, als der Unternehmer und andere Einkommenbezieher zuvor ihr Teil vom Arbeitsertrage wegnehmen und erst dann dem Arbeiter, der Hauptkonsumentenmasse, der Rest überantwortet wird. Es wird also nicht dafür gesorgt, daß die effektive Konsumkraft entsprechend der Akkumulation steigt. Es handelt sich also keineswegs um die Frage, wie Neubildung von Kaufkraft möglich sei, sondern lediglich „um eine bessere Verteilung des Gesamteinkommens durch Vergrößerung des Konsumtionsanteiles[2]." Der Grundfehler in der Organisation der kapitalistischen Verkehrswirtschaft liegt also in der dem freien Verkehr überlassenen Einkommenverteilung und dieser ist zu beseitigen.

Der Weg führt über höhere Löhne. Der Lohn spielt in der Wirtschaft eine Rolle, sowohl als Kostenfaktor als auch als Konsumfaktor. In früheren Zeiten schien der Lohn der elastischste aller Kostenfaktoren zu sein, der zur Kompensation irgendwelcher anderen Kostenerhö-

---

[1] TARNOW: S. 47. Sperrung von mir.
[2] TARNOW: S. 49.

hungen dienen konnte und es war durch eine kleine Lohnsenkung schon eine große Senkung der Gesamtkosten zu erreichen. Das war so, als noch der Lohn die zentrale Stelle im Selbstkostenkonto einnahm, noch einen großen Prozentsatz der Produktionskosten ausmachte. Heute aber sind die Lohnkosten nurmehr ein geringer Anteil des Gesamtaufwandes, sind in ihrer Bedeutung im Rahmen des letzteren immer mehr von den Kosten für konstantes Kapital verdrängt worden. So haben die Möglichkeiten, die früher in einer Senkung der Lohnkosten lagen, sich erheblich verringert. *Und weiterhin ist der Lohn heute ein starrer Kostenfaktor geworden, nachdem die gewerkschaftliche Macht seiner Senkung im allgemeinen entgegensteht.*

Die Bedeutung der Löhne auf der Konsumseite erhellt ein anderes Moment, das zugleich zeigt, daß auch der Unternehmer heute mehr den Lohn als Konsumfaktor zu betrachten hat; dies ist die Umgruppierung der Bevölkerung nach ihrer sozialen Schichtung. Die Arbeiterbevölkerung hat in den letzten 50 Jahren prozentual einen immer größeren Teil der Bevölkerung gestellt und die Zahl der Lohnempfänger hat noch weiter zugenommen, als durch den Krieg bis dahin besitzende Kreise verarmten und heute von ihrer Hände Arbeit leben müssen. Dieser Tatsache verbindet sich die weitere, daß zunehmende technische Entwicklung einen Markt für Massenartikel voraussetzt. „Daraus geht nichts anderes hervor, als daß auf einer gewissen Höhe der technischen Entwicklung die Regelung und Sicherung der Absatzverhältnisse zu einer gebieterischen Notwendigkeit von der Produktionsseite aus wird[1]." Den Amerikanern gebührt auch hier das Verdienst, zuerst diese wirtschaftliche Notwendigkeit begriffen zu haben.

Daß auch TARNOW darauf hinweist, daß durch Lohnerhöhungen eine größere Wirtschaftlichkeit (Druck auf den Unternehmer) herbeigeführt wird, ist selbstverständlich.

In ähnlichem Rahmen wie die Ausführungen dieses Gewerkschaftsführers bewegen sich auch die Verlautbarungen in der Gewerkschaftspresse, die sich seit einigen Jahren mit zunehmender Intensität unseres Themas und seiner vorstehenden Lösung bemächtigt zur Begründung von Lohnforderungen. Zunächst handelt es sich um eine theoretische Fundamentierung der letzteren; man will nachweisen, daß gerade die ökonomischen Gesetzmäßigkeiten Lohnerhöhungen notwendig machen und daß die Steigerung des Kostenfaktors Lohn nicht die schädlichen Wirkungen nach sich zieht, die allgemein erwartet werden.

Schon in der Zeitschrift „Die Arbeit" spricht im Jahre 1926 NÖLTING davon, daß fehlerhafterweise die Arbeitskraft bisher immer als Produktions- und Kostenfaktor angesehen worden sei, während ihre andere

[1] TARNOW: S. 54.

wichtige Seite, die sie als Träger eines Einkommens darstellt, zu geringe Beachtung gefunden hat. „Man kann nicht den Lohnempfänger im Arbeiter treffen, ohne auch zugleich den Konsumenten in ihm zu schädigen[1].“ Unserem Absatz fehlt heute der Auslandsmarkt, der früher unsere Produkte aufnahm und uns die geringe Kaufkraft unserer Arbeiterkonsumenten nicht empfinden ließ. Jetzt können die Unternehmer die Produktionskapazität nur ausnützen bei stark entwickeltem Inlandsmarkt. Die gegenwärtige (1926) Situation der Wirtschaft ist aber die, „daß sie durchweg nur mit Unternutzung zu arbeiten vermag, weil der durch Überpreise und Unterlöhne geschwächte Markt die Aufnahme größerer Produktionsmassen verweigert[2].“ Eine der Antinomien des kapitalistischen Produktionsprozesses ist damit bloßgelegt: Das Gewinnstreben führt zu Lohndruck, niedere Löhne mindern die Kaufkraft und zugleich wäre dem Absatz nur mit steigender Kaufkraft gedient. „Der Kapitalismus vermochte den Produktionsprozeß zu organisieren, er war jedoch nicht in der Lage, den Verteilungsprozeß in einer für die Gesamtwohlfahrt dienlichen Weise zu steuern.“ Daher: „Die Stützung und Aufrechterhaltung des inneren Marktes, der ohne diesen Schutz unter den kapitalistischen Manövriermethoden zusammenbrechen müßte, das ist der volkswirtschaftliche Sinn der Gewerkschaften[3].“ Dem Sinne nach das Gleiche rief ja auch LEDERER den Gewerkschaften in seiner Stuttgarter Rede zu.

In seiner Besprechung der MASSARschen Arbeit hat MARSCHAK in der obengenannten Zeitschrift mit einigen Einschränkungen die Richtigkeit der MASSARschen Argumente anerkannt und näher zu belegen versucht. In einem weiteren Aufsatz „das Problem des Lohnanteiles und die amerikanischen Gewerkschaften“ legt MARSCHAK selbst dar, warum die Arbeiterschaft aus sozialökonomischen Gründen Lohnerhöhungen zu fordern hat. Wo keine kaufkräftige Nachfrage ist, da wird auf die Dauer auch keine Produktion sein können. Und wo viel kaufkräftiger Bedarf ist, da kann auch viel abgesetzt werden. Die Steigerung der Massenkaufkraft belebt das ganze Wirtschaftsleben. Alle Kreise, auch die Unternehmer, sind daran interessiert. Was die amerikanischen Gewerkschaften fordern, ist Gleichbleiben des Lohnanteiles am Gesamtertrag, weil ja, wenn die Kaufkraft des größten Teiles der Bevölkerung zurückgeht, trotz steigendem Produktionsertrag Absatzkrisen unabwendbar sind. Aber die Amerikaner gehen nicht weit genug. Sie sollten zum Heile der Gesamtwirtschaft *nicht nur Gleichbleiben der Lohnquote, sondern Steigen derselben* verlangen. „Denn es ist nicht unbedingt notwendig, daß der Lohn bei steigender Produktion zum Zwecke der Krisen-

[1] „Die Arbeit“ 1926, H. 3: „Der volkswirtschaftliche Sinn der Gewerkschaften.“
[2] Ebenda.
[3] „Der volkswirtschaftliche Sinn der Gewerkschaften“, a. a. O.

vermeidung dem Produktionswert lediglich angepaßt wird. Auch eine Steigerung des Lohnanteiles darüber hinaus kann, wenn man bei diesem Gesichtspunkt allein bleibt, verantwortet werden. Da ferner der Gesichtspunkt der Krisenvermeidung nicht der einzige ist, sondern die Lohnerhöhung noch manch andere ebenso wichtige volkswirtschaftliche Wirkungen hat, so darf es bei der starren Formel der Lohnanteilanpassung nicht bleiben[1]." Also zunächst einmal gilt es, Krisen zu verhüten durch der Produktionssteigerung proportionales Steigen der Massenkaufkraft. „Die Aufwärtsentwicklung der Wirtschaftsentwicklung wird nur dann ohne schwere Erschütterung wieder fortschreiten, wenn die Produktivitätssteigerung von einem entsprechenden stetigen Wachstum der Massenkaufkraft begleitet ist," sagt MENDELSOHN in der Gewerkschaftszeitung[2], nachdem er dargetan hat, wie die Aufsaugung des Arbeitslosenheeres verbunden mit Lohnsteigerungen, also das starke Anwachsen der Massenkaufkraft, im Jahre 1927 die Grundlage allgemeiner Wirtschaftskonjunktur bildete. Die gleiche Beweisführung findet sich in der Gewerkschaftszeitung vom 12. Januar 1929, in der darauf hingewiesen wird, daß der Konjunkturabstieg des Jahres 1928 zurückzuführen sei auf das Gleichbleiben des Konsums, das in Wirklichkeit, da die Bevölkerung zugenommen hat, im Durchschnitt einen Rückgang bedeute. „Die Spannung zwischen Produktion und Verbrauch, zwischen Warenherstellung und Warenabsatz, drohte wieder ein gefährliches Ausmaß anzunehmen[3]." Über die Ursachen dieses Konjunkturrückganges im Jahre 1928 äußert sich NAPHATALI[4] und zeigt, daß in der Tat der Konjunkturabstieg, wenn man ihn betrachtet, an Hand der Entwicklung der Arbeitslosenziffern der verschiedenen Industriezweige, zuerst einsetzt bei der Konsumgutindustrie und dort zu Entlassungen führt, die nun ihrerseits weitere Absatzschwierigkeiten für Fertiggüter mit sich bringt.

Da die Absatzmöglichkeit nicht mehr, wie bis dahin, infolge steigender Massenkaufkraft zunimmt, sondern stabil bleibt, geriet die Produktion in Schwierigkeiten. Wenn gemäß den Aussagen der Arbeitslosenstatistik die Absatzschwierigkeiten bei der Konsumgutindustrie ihren Ausgang nehmen, dann würde eine breitere Kaufkraftbasis die Krise verhindern können.

Auf die Notwendigkeit der Steigerung der Massenkaufkraft hat auch LEIPEL auf dem Hamburger Gewerkschaftskongreß (1928), hat JOUHAUX auf der Weltwirtschaftskonferenz in Genf namens der Gewerkschaften hingewiesen.

Aber die Gründe für die gewerkschaftlichen Lohnforderungen sind

[1] MARSCHAK: Das Problem des Lohnanteils und die amerikanischen Gewerkschaften. Die Arbeit 1928, S. 27.

[2] MENDELSOHN: Gewerkschaftszeitung, 1. Sept. 1928.

[3] Gewerkschaftszeitung, 12. Jan. 1929.

[4] NAPHTALI: Wirtschaftsjahr 1928. „Vorwärts" v. 30. Dez. 1928.

gar mannigfaltig. Wenn nicht nur Gleichbleiben der Quote, das ja zur Krisenverhütung genügt, verlangt wird, sondern wachsender Anteil, dann hat das seinen Grund in der Förderung der Produktion, die von Lohnerhöhungen ausgeht. „Der Lohnanteil kann auch stärker vergrößert werden als der Umsatzwert, ohne daß dabei das Gleichgewicht leidet, nämlich dann, wenn entweder der Luxusverbrauch oder die Akkumulation sich zugunsten des Lohnes verschiebt. Rückgang des Luxuskonsums infolge Einkommenssteigerung der Massen ist also gleichbedeutend der Förderung des Massenabsatzes und Massenabsatz ist Voraussetzung für die weitere Mechanisierung unseres Produktionsapparates, die ihrerseits zu verbesserter Bedarfsdeckung der Massen führt[1]".

Die Verkürzung der Akkumulationsrate kann durchaus in volkswirtschaftlichem Interesse liegen. Zwar soll nicht die Akkumulation an sich eingeschränkt werden, sondern nur eine gleichmäßigere Kapitalbildung, die im Verhältnis steht zur Steigerung der konsumtiven Kaufkraft, ist herbeizuführen. „Worauf es ankommt, ist nicht die Reservebildung einzuschränken, sondern das Wachstumstempo vor Sprüngen zu bewahren und da spielen in der Tat die Löhne die Rolle eines Regulators[2]". Zur Beseitigung des sprunghaften Charakters der Wirtschaftsentwicklung muß die Gesellschaft „einen Teil ihrer Ersparnisse doch zugunsten von Lohnerhöhungen opfern[3]", insbesondere deshalb scheint auch diese regulierende Tätigkeit der Gewerkschaften mittels der von ihnen durchzusetzenden Lohnforderungen von Bedeutung, weil für die Kapitalbildung „nur das Klasseninteresse der Gruppen, in deren Eigentum das gebildete Kapital verbleibt[4]", maßgebend ist, also von anderer Seite dafür zu sorgen ist, daß die Kapitalbildung „im Einklang mit steigenden Verbrauchsmöglichkeiten der Massen[5]" erfolgt, um so der Gesamtwirtschaft schädliche Krisen zu vermeiden.

Wenn MARSCHAK für die deutschen Gewerkschaften nun fordert, daß sie über die amerikanische Forderung des gleichbleibenden Lohnanteils hinaus die nach der wachsenden Quote aufstellen, so hat das u. a. seinen Grund darin, daß bei einem starren Verhältnis in der Verteilung bei einer ein für allemal festen Quote die Arbeiterschaft in den Zeiten der Depression einen Rückgang ihres Einkommens erleben würde, also auch teilnähme an den Verlusten, die in solchen Zeiten die Wirtschaft zu buchen hat. Wir befinden uns aber in einer kapitalistischen Verkehrswirtschaft, in der der Unternehmer das Risiko zu tragen hat und nicht

---

[1] MARSCHAK: a. a. O.
[2] MARSCHAK: „Die Arbeit" 1927, S. 746.
[3] MARSCHAK: Ebenda.
[4] NAPHTALI: „Vorwärts" v. 30. Dez. 1928.

der Arbeiter, es also ungerechtfertigt wäre, diesen das Verschulden des Unternehmers entgelten zu lassen. Es würde durch die Festlegung der Lohnquote zeitweise die Gefahr entstehen, daß das Existenzminimum der Arbeiter gefährdet würde. Die Forderung der ständigen Anpassung des Lohnanteiles an die Produktionssteigerung bedeutet also nur Forderung nach einer Untergrenze, *die jedoch mit dem Augenblick außer Kraft zu treten hätte, wo die Produktionsentwicklung eine rückläufige ist* und das Existenzminimum der Arbeiter somit gefährdet würde. „Sobald der nach dem Prinzip des Lohnanteils am Ertrage errechnete Lohn unter das nach dem Lebenshaltungsindex errechnete Existenzminimum sinkt, müßte die Berechnung nach dem Lohnanteilprinzip automatisch außer Kraft treten[1]". Dann wäre als Untergrenze einzusetzen eben dieses Existenzminimum. Die Anteilquote der Arbeiterschaft müßte also bei einer Verschlechterung der Wirtschaftslage erst recht wachsen.

Die bisherigen Betrachtungen ergeben also die Notwendigkeit von Lohnerhöhungen, um dadurch den Massenabsatz zu steigern. Naphtali hat darauf hingewiesen, daß erst Lohnerhöhungen, die über die Steigerung des Preisniveaus hinausgingen, eine Massenproduktion möglich machten, und in diesem Sinne schlägt Marschak — dieser Gedanke ging in erster Linie wohl von Prof. Brauer, der ihn in letzter Zeit wohl besonders in die Gedankengänge der christlichen Gewerkschaften einzufügen sucht, aus — vor, daß die Unternehmer quasi als Vorschuß den Arbeitern höhere Löhne zahlen sollen, um die sprungshafte Entwicklung der Wirtschaft in Konjunkturwellen zu beseitigen. „Die Unternehmerklasse schießt den Arbeitern in Form von erhöhten Löhnen einen Teil der von dem technischen Fortschritt zu erwartenden Mehrproduktion vor, um sich einen der zu erwartenden Mehrproduktion entsprechenden Mehrabsatz zu sichern, sich vor Konjunkturstößen zu sichern[2]". Diese in verschiedenen Variationen auftretende spekulative Lohnerhöhungstheorie will also dem Unternehmer dadurch die Möglichkeit größeren Absatzes schaffen, daß er, der Unternehmer, dem Arbeiter höhere Löhne zahlt, die diesen dann befähigen, dem Mehrertrag der Produktion einen verstärkten kaufkräftigen Bedarf gegenüberzustellen. Der Unternehmer kann dies wagen, da er ja so in die Lage versetzt wird, die Kapazität seines Produktionsapparates besser auszunutzen und somit, da ja gerade die letzte Ausnutzung der Produktionskapazität die höchsten Gewinne bringt, mehr Gewinne zu machen, also die Kostenerhöhung je Produkt wieder hereinzubekommen durch Absatz einer größeren Produktzahl.

---

[1] Marschak: Lohnforderungen a. a. O.
[2] Marschak: Lohnforderungen.

Von derartigem Erfolg werden Lohnerhöhungen nur begleitet sein, wenn es sich um Reallohnerhöhungen handelt, der Unternehmer also nicht den Preiserhöhungen ausweichen kann. Es tritt hier die Frage in Erscheinung, in welchem Zusammenhang eigentlich Lohn und Preis stehen, ob eine Erhöhung des ersteren auch ein Steigen des letzteren bedinge. Da ist zunächst die Stellung des Lohnes als Kostenelement im Konto der Gesamtkosten der Produkte zu betrachten. Unsere Zeit der Mechanisierung macht mehr und mehr die Produktionsmittel zum zentralen Produktionsfaktor. Kurt Heinig weist darauf hin, daß die Frage nach dem Funktionalzusammenhang zwischen Lohn und Preis die Vorfrage bedinge, ob denn das Verhältnis zwischen Lohnanteil und gesamten Selbstkosten ein feststehendes sei, „solange keine Lohnforderungen das Gleichgewicht verändern[1]". Wir haben es in den letzten Jahren in unserer Wirtschaft allenthalben mit einer besonders intensiven Rationalisierung zu tun. Es wird hier einmal eine quantitative Steigerung der Arbeitsleistung und zum andern eine qualitative erzielt. Ein rascheres Arbeitstempo, vielleicht auch unter dem Einfluß des Akkordsystems, steigert die Leistung des einzelnen ebenso, wie dies erreicht wird durch organisatorisch bessere Durcharbeitung des gesamten Produktionsprozesses. Es ist ja klar, daß wenn die gleiche Arbeiterzahl die doppelte Zahl an Produkten herstellt, auf die Einheit nurmehr die Hälfte Lohnkosten entfällt. Für den Lohnanteil an den Kosten der Einheit ist also eine abnehmende Tendenz zu verzeichnen, „er ist heute schon gewissermaßen aus der Mitte der Produktionskosten an den Rand geschoben worden, an seine Stelle sind die sonstigen Selbstkosten gerückt, die ständig zunehmende Bedeutung erlangen[2]". Damit ist also schon gezeigt, daß in der Tat die Bedeutung einer Lohnkostenerhöhung für den einzelnen Unternehmer gesunken ist. Heinig sagt nun, wenn Unternehmungen darauf hinweisen, daß sie Lohnerhöhungen nicht mehr tragen könnten, weil weder der Gewinn, noch die Selbstkosten einschränkbar wären, so müßte man zunächst fragen, was denn da unter Selbstkosten verstanden werde. Im Konto Selbstkosten würden oft recht erhebliche Gewinne mit verbucht, die statt ausgeschüttet zu werden, dann in irgend einer Form wieder investiert werden, so daß also die Selbstksoten zu umfassend, der Gewinn zu eingeschränkt in den Bilanzen erscheine. Man müsse nun weiter fragen, ob dann die Aufwendungen, die unter Selbstkosten erscheinen, auch alle notwendig sind und werde vielfach finden, daß dies nicht der Fall sei, hier also noch eine Kompensationsmöglichkeit für Lohnerhöhungen vorläge. Auch Lederer hat in seiner Stuttgarter Rede diese Frage angedeutet. Weiterhin meint Heinig, daß der Nachweis des Absinkens der Lohnkosten zu der Feststellung

[1] Heinig, K.: „Die Arbeit" 1927, S. 760.
[2] Heinig, K.: Ebenda.

nötige, daß Unternehmungen, die „bei völliger Ausschaltung des privaten Unternehmergewinnes dennoch eine solche Größe der Selbstkosten entwickeln, daß sie den ständig geringer werdenden Lohnanteil an den Selbstkosten bei nomineller Aufbesserung nicht zu tragen vermögen" aus dem Produktionsprozeß ausschalten müssen. Solange also unnötige Selbstkosten vorhanden sind, kann Lohnerhöhung noch ohne Schädigung der Wirtschaft eintreten. Auch Naphtali weist darauf hin, daß die Kapitalbildung gefördert werde, wenn durch Erhöhung der Lohnkosten der Unternehmer gezwungen werde, noch vorhandene Rationalisierungsmöglichkeiten in seinem Betriebe auszunutzen. Die Lohnerhöhung ist Voraussetzung für Rationalisierung also nach zwei Richtungen. Einmal ermöglicht sie den Massenabsatz, zum anderen übt sie einen Druck aus auf den Unternehmer Rationalisierungsmaßnahmen zu ergreifen und schafft gleichzeitig dadurch, daß diese größere Gewinne ermöglichen, die Mittel zur Rationalisierung herbei.

Unsere Überlegungen zeigen also, daß Lohnerhöhung nicht notwendig Kostenerhöhung bedeuten, also der Preis nicht unbedingt davon beeinflußt werden muß. Was also vom Standpunkt der Konjunkturerhaltung Not tut, ist Stabilisierung der Preise und Erhöhung der Konsumkaufkraft durch Lohnsteigerungen in der Zeit des Konjunkturanstieges. Preiserhöhungen erleichtern den Bezug von hohen Profiten, Lohnerhöhung bewirkt „einen Druck auf Mechanisierung der Produktion durch Arbeitsersparung und durch Verminderung derjenigen Selbstkosten, die nicht aus Löhnen bestehen[1]". „Stabile Preise können ein Ideal sein, stabile Löhne niemals," denn „das hieße Übertragung der Ergebnisse des Fortschrittes ausschließlich auf Unternehmergewinne[2]." Die gewerkschaftliche Argumentation läßt sich zusammenfassend wiedergeben in Naphtalis Worten:

„Lohnerhöhungen dagegen schaffen gerade, wenn sie über die Steigerung des Preisniveaus hinausgehen, die Vorbedingung für eine Erweiterung des Massenabsatzes und der Massenproduktion, die Vorbedingungen für eine Demokratisierung des Konsums, die eine Voraussetzung der verbilligten Massengütererzeugung ist. Von den Warenpreiserhöhungen ist eine Einkommenverteilung unter den sozialen Klassen zu erwarten, die auf der Seite des Massenverbrauchs zu Absatzstockungen führen muß. Von der Lohnerhöhung, wenn sie eine wirkliche Reallohnerhöhung wird, ist eine Einkommenverteilung unter den sozialen Klassen zu erwarten, die den Massenverbrauch steigert und damit die Erhaltung einer guten Konjunktur begünstigt[3]".

Die im voraufgehenden geschilderten Lehren geben die Schuld an

---

[1] Naphtali: Gewerkschaftszeitung v. 1. Okt. 1927.
[2] Naphtali: Ebenda.
[3] Naphtali: Ebenda.

den periodischen Stockungen und Rückschlägen der Wirtschaftsentwicklung, den Eigentümlichkeiten jener heute herrschenden Wirtschaftsordnung, die als Kapitalismus bezeichnet wird. Sie heben immer wieder hervor, daß die Aufgabe der Wirtschaft die Bedarfsbefriedigung ihrer Glieder in stets steigendem Maße zu ermöglichen, von der kapitalistischen Verkehrswirtschaft nur unvollkommen erfüllt werde, ja, aus ihrem eigenen Wesen immanenten Gründen nur unvollkommen erfüllt werden könne. Die Hauptschuld scheint zunächst dem Umstand beizumessen zu sein, daß das Erwerbsinteresse einzelner Wirtschafter den Gang der Produktion bestimmt, während eine andersgeartete Wirtschaftsorganisation den Bedarf der Gesamtheit als den Maßstab wirtschaftlichen Handelns auffassen würde. Dieser letztere Gedanke spricht sich ja am deutlichsten in der von NAPHTALI herausgegebenen Arbeit „Wirtschaftsdemokratie" aus. Daß die Lenkung der Produktion überhaupt unter dem Gesichtspunkt des Erwerbsinteresses einzelner Wirtschafter, einzelner Gruppen von Wirtschaftern, möglich ist, erklärt sich wiederum aus den der kapitalistischen Verkehrswirtschaft eigentümlichen Besitzverhältnissen, dem Besitz einzelner an den Produktionsmitteln. Diese Tatsache führt, verbunden mit dem Streben nach höchstem Gewinn, zu einer Diskrepanz zwischen Entwicklung des volkswirtschaftlichen Ertrages und Anteilnahme der breiten, nicht besitzenden Massen an dieser steigenden Produktivität. Hierauf gründen sich die für die kapitalistische Verkehrswirtschaft typischen Absatzschwierigkeiten, die wiederum die Ursache der periodischen Rückschläge der Wirtschaftsentwicklung sind. Diese letztere geht sprunghaft vor sich und diese Sprunghaftigkeit bringt es mit sich, daß nicht immer und nicht reibungslos die volle Ausnutzung der verfügbaren Produktivkräfte gewährleistet ist. Wenn es gelänge, die Stockungsursachen zu beseitigen, wäre eine stetige raschere Aufwärtsbewegung zu erwarten. Die Stockung stellt sich dar als eine Absatzhemmung, als Beschäftigungsrückgang der Produktion. In der kapitalistischen Verkehrswirtschaft kann Nachfrage erfolgreich nur ausgeübt werden in dem Maße, als hinter ihr Kaufkraft steht. Es kommt also darauf an, daß die Kaufkraft immer so groß ist, daß der Absatz der gesamten Produktion möglich ist. Das kapitalistische System aber leistet einer solchen Verteilung des Sozialproduktes Vorschub, die eine raschere Ausdehnung des Produktionsvermögens ermöglicht, eine langsamere der Konsumkaufkraft. Dieser Fehler ist zu beseitigen durch machtmäßige Änderung der Einkommensverteilung. Ein größerer Teil des Produktionsertrages ist Konsumzwecken, ein kleinerer Produktivzwecken zu widmen und beide sind so groß zu halten, daß die Produktionsausdehnung stets eine entsprechende Ausdehnung der Konsumkaufkraft vorfindet. Lohnerhöhung bedeutet Steigerung der Massenkaufkraft, eine größere Quote ist der

Arbeiterschaft am Ertrag zuzusprechen, wenn die Wirtschaftsentwicklung eine rückschlagslose werden soll. Wenn auch der Lohn Kostenfaktor ist, so bedeutet Lohnerhöhung aber nicht unbedingt auch Kostenerhöhung. Massenkonsum ermöglicht größeren Umsatz, Fabrikation in großen Mengen senkt die Kosten je Produkt. Lohnkostenerhöhung ist ein Beweggrund zur Rationalisierung. Rationalisierung und Mechanisierung dienen dem wirtschaftlichen Fortschritt, also dient Lohnerhöhung der Wirtschaftsentwicklung, bewirkt sie größere Produktivität und macht sich somit selbst bezahlt.

Drittes Kapitel.

Positive Kritik der lohnbetonten Entwicklungstheorie.

Erster Abschnitt:

Die besonderen Einkommensverhältnisse in der kapitalistischen Verkehrswirtschaft und die Konjunkturenentwicklung.

§1. Die Bedarfsorientierung in der kapitalistischen Verkehrswirtschaft.

Der Gedanke an die Rückkehr der direkten Bedarfsdeckungswirtschaft kann heute nicht mehr aufkommen. Jedoch wäre vielleicht an Stelle der planlosen kapitalistischen Verkehrswirtschaft eine planvoll von einer Zentralstelle her die Produktion regelnde Wirtschaft denkbar, in der also die Verfügung über die Produktivkräfte und die Bestimmung der Produktionseinrichtung nicht mehr in Händen vieler Einzelwirtschafter läge. Nun wissen wir, daß auch die angebliche Planlosigkeit unserer heutigen Produktion sich doch nicht als solche bezeichnen läßt, da eine regelnde Macht auch hier herrscht und es fragt sich nur, ob und wie diese Macht anders regelnd eingreift, als die ordnende Gewalt einer Zentralstelle in der Planwirtschaft.

Die heutige Wirtschaft ist eine Geldwirtschaft, in der bei starker Berufsdifferenzierung jeder einzelne Wirtschafter mittels seines Besitzes an Produktivgütern an der Produktion mitzuwirken bestrebt ist, um so die Mittel für seinen Unterhalt zu erwerben. Dieser Erwerb der Mittel zur Bedarfsdeckung wird für ihn das leitende Motiv seiner Betätigung sein und wir dürfen annehmen, daß daher dem heutigen Wirtschafter die gleiche Triebkraft innewohnt, wie dem Wirtschafter der Bedarfsdeckungswirtschaft. Allerdings — in der letzteren war das Ziel der Arbeit direkt Bedarfsdeckung. Heute steht vor diesem mittelbaren Ziel das unmittelbare des möglichst hohen Geldgewinnes. Das Gewinnstreben, nicht mehr direkt der Bedarfsdeckungswille ist entscheidend. Aber auch für die heutigen Wirtschafter ist dieser Geldgewinn ja nur ein Mittel zum Zweck; nicht auf hohes Nominaleinkommen, sondern auf Realeinkommen, auf viel Kaufkraft kommt es an. Noch heute ist der Sinn des Wirtschaftens der gleiche, wie in der Bedarfsdeckungswirtschaft, eben möglichst weitgehende Befriedigung des Bedarfs. Aber es hat den Anschein, als ob gerade diejenige Minderheit von Wirtschaftern, nämlich diejenigen, die sich im Besitze der Produktionsmittel befinden, die die Richtung der Produktion bestimmen, sich bei ihren Entscheiden nicht leiten ließe von der Notwendigkeit menschliche Bedürfnisse zu befriedigen, sondern allein von dem Willen, selbst einen hohen Gewinn aus der Produktion zu ziehen. Um dies im Rahmen bereits der kapitalistischen Verkehrswirtschaft zu ändern, tritt heute mehr und mehr die Forderung auf, der breiten Masse der Arbeiterschaft größere Möglichkeiten zu geben, an der Regulierung von Produktion, Absatz und Preis mitzuwirken. „Dabei soll es die Aufgabe der Vertreter der Arbeitnehmerschaft sein, entgegen dem kapitalistischen Geist die Gesichtspunkte der Interessen der Gesamtwirtschaft in der Geschäftsführung zum Ausdruck zu bringen[1]." Die Unternehmer kombinieren Produktionsmittel, um bei Veräußerung des Produktionsertrages eine höchstmögliche Diskrepanz zwischen Kosten und Erlös verbuchen zu können. Nun ist es zweifellos nicht die Aufgabe der Wirtschaft, für das Wohl bzw. den Überfluß weniger oder doch nur einer Minderheit zu sorgen, die Bedarfsdeckung der Allgemeinheit gilt es zu verbessern. Aber diese besitzenden Wirtschafter verwenden nun gar nicht ihr Einkommen zu Zwecken der Konsumtion, widmen es vielmehr der Erweiterung der Produktion, um abermals einen wiederum erhöhten Gewinn zu machen. Es ist dies gerade kennzeichnend, daß die Leiter der Produktion, die vielen einzelnen Wirtschafter, die im Besitz von Produktionsmitteln sind, nicht nach dem eigenen *Bedarfs*interesse, sondern auf Grund eines rastlosen Erfolgstrebens, das seinen Ausdruck findet in dem Willen, das von ihnen geleitete Unternehmen zu hoher Blüte zu entwickeln, immer weiter es auszudehnen, immer neue Produktionsmöglichkeiten ihm zu erschließen suchen. Ihre beste Bezeichnung findet diese den kapitalistischen Unternehmer leitende Triebkraft in Sombarts Begriff der „Objektivierung der kapitalistischen Motivation". Diese Objektivierung gerade ist das, was im ersten Kapitel unserer Arbeit der heutigen Wirtschaftsordnung zum Vorwurf gemacht und zum Ausgangspunkt der Erklärung der Wellenbewegung des Wirtschaftslebens genommen wird. Nicht das Bedarfsinteresse der Gesamtheit der Wirtschafter sei mehr maßgebend, sondern das schrankenlose Erwerbsstreben einzelner mittels ihres Produktionsmittelbesitzes herrschender Wirtschafter, denen ein absoluter Spartrieb innewohnt.

Worauf basiert nun der Erfolg einer Unternehmung? Darauf doch

---

[1] Naphtali: Wirtschaftsdemokratie.

wohl nicht allein, daß sie die Produktionskosten möglichst niedrig hält. Das ist doch nur eine Seite. Sondern zum andern in der Erzielung eines möglichst hohen Erlöses, der wiederum sich ergibt aus Preis des Produktes multipliziert mit der Anzahl der abgesetzten Produkte. Seine letzte Grenze findet der Absatz des Produktes in der gesamten Kaufkraft aller für das Unternehmen als Konsumenten in Betracht kommenden Wirtschafter und im engeren Sinne in der gerade für dies Produkt in den Verbrauchswirtschaftsplänen aller Wirtschafter eingestellten Kaufkraftmenge. Die Einteilung der Verbrauchswirtschaftspläne entsteht unter Berücksichtigung von Bedarf und Kaufkraftbesitz, d. h. Einkommen der Wirtschafter und es ist sicher, daß hier der dringendste Bedarf zunächst eingestellt wird und der wenigst dringende infolge der Begrenzung des Einkommens wegfällt. Die bestimmende Grundlage bei der Aufstellung der Verbrauchspläne ist also der Bedarf, dem sich dann subsidiär, wenn auch nicht weniger entscheidend, die Höhe der verfügbaren Kaufkraft zugesellt. Der Produzent umwirbt also die Konsumenten; mittels der Güte seiner Waren, mittels niederer Preise sucht er einen möglichst großen Teil ihrer Kaufkraft an sich zu ziehen, nicht um ihn seinerseits konsumtiv zu verwerten, sondern, um aufs neue eine Erhöhung des geschäftlichen Erfolges zu suchen.

Derjenige Produzent, sagten wir, wird nur den von ihm gewünschten Erfolg haben, der seine Produkte auch absetzen kann. Also wird nur derjenige Gewinn machen, der Güter herstellt, die einem Bedarf begegnen, und allerdings, in der Tauschwirtschaft, einem Bedarf, der mit Kaufkraft ausgerüstet auftritt. Was heißt nun in diesem Zusammenhang Kaufkraft? Die Kaufkraft ist das Äquivalent, das der Käufer hingibt, um damit ein Gut zu erwerben; er müßte gar nichts geben, wenn dies Gut überall in unbegrenzter Menge jederzeit erreichbar zu haben wäre. Was er an Kaufkraft hingeben muß, ist bestimmt durch den Kaufpreis, der zu zahlen ist, weil das Gut knapp ist und doch einer Nachfrage begegnet. Wir haben es hier also mit einem Wertungsvorgang zu tun, d. h. es wird mit der Preisfestsetzung, mit dem Erfordernis einer Kaufkraftausrüstung der wirksamen Nachfrage bestimmt, wer in den Genuß des betreffenden Gutes kommen soll und wer davon ausgeschlossen bleibt. Es findet eine Wertung der Bedürfnisse statt, weil die Bedarfsdeckungsmittel nur knapp vorhanden sind. Haben wir es nun hier mit einer dem kapitalistischen System besonders anhaftenden Erscheinung zu tun oder vielmehr mit einer solchen, die auch in der Bedarfsdeckungswirtschaft anzutreffen ist? Auch dort muß der Wirtschaftsplan sich beschränken auf die Befriedigung gewisser Bedürfnisse und muß entscheiden, welche von der Befriedigung ausgeschlossen werden sollen. In einer kommunistischen Wirtschaft, in der auch eine solche Wertung stattfinden müßte, würde es eine Wertung nach dem subjektiven Ermessen der Zentralstelle sein. In der sozialistischen Wirtschaft, die ja die Auswahl des mit gegebenen Mitteln zu befriedigenden Bedarfes den Einzelwirtschaftern überläßt, also wohl die Produktion, aber nicht die Konsumtion dem Staatswillen unterstellt, kann die Wertung auch nur dann erfolgen, wenn zum Effektivwerden der Nachfrage Kaufkraftbesitz erforderlich ist.

Das den kapitalistischen Unternehmer beseelende Erwerbsinteresse zwingt ihn zu rationellstem Wirtschaften mit den ihm zur Verfügung stehenden Mitteln, er wird mit diesen Mitteln so viel Bedarfs*werte* zu befriedigen suchen, als irgend möglich. Wenn so eine Bedarfsorientierung auch der Produktion unseres Wirtschaftssystems zu verzeichnen ist, wobei das enge und genau wirksame Bindeglied zwischen Bedarf und Produktion der Preisbildungsprozeß ist, so ergibt sich die Gefahr eines Auseinanderklaffens von Angebot und Nachfrage am Markte nur aus der Möglichkeit, daß der Produktionsleiter, in unserem Fall die Vielheit der Produktionsleiter, der ja aber ein gemeinsamer Maßstab für ihr Handeln gegeben ist, sich über den zukünftigen Bedarf irrt. Diese Möglichkeit erscheint jedoch nicht wesentlich größer als beim Lenker einer Bedarfsdeckungswirtschaft, der ja auch dem Irrtum verfallen kann. Wenn LEDERER meint, wenn in einer Bedarfsdeckungswirtschaft in einer Periode von einem Gute zu viel produziert werde, so wirke das volkswirtschaftlich sich anders aus als in der kapitalistischen Verkehrswirtschaft, so müssen wir dem widersprechen. Verbraucht wird dies Zuviel in der Bedarfsdeckungswirtschaft, wenngleich nur weniger wichtige Bedürfnisse befriedigt werden, während den Vorrang verdienende unbefriedigt bleiben. In der kapitalistischen Verkehrswirtschaft wird das gleiche der Fall sein. Der Unternehmer verkauft nur mit Verlust, das zeigt an, daß Produktivkräfte verwendet wurden an einer weniger wichtigen, statt an der wichtigsten Stelle, gemessen an der Bedürfnisskala und dem Mittelvorrat. Der Unternehmer wird eine Umstellung der Produktivkräfte vornehmen, ebenso wie der Leiter der Planwirtschaft. Stellt der letztere sich so um, daß er in der folgenden Periode nun weniger Produktivkräfte auf Herstellung des zuvor im Übermaß erzeugten Gutes verwendet, und erst das Zuviel mit aufbrauchen läßt, so findet doch dieselbe Reaktion auch in der Verkehrswirtschaft statt. In ebendemselben Maße ist hier die Möglichkeit der Umorientierung gegeben; die von LEDERER so stark betonte Elastizität des Wirtschaftskörpers macht sich hier geltend.

Der Unternehmer unserer Wirtschaftsordnung muß sich ganz und gar nach dem Bedarf, nach der Nachfrage der Konsumenten richten; er verwendet die zur Verfügung stehenden Produktivkräfte genau so, wie die letzteren es wünschen, indem sie kaufkräftigen Bedarf äußern. Auch der Leiter der planmäßig geregelten Produktion kennt kein anderes Orientierungsmittel.

§ 2. Das Erfordernis des Kaufkraftbesitzes.

Im vorigen Abschnitt betonten wir bereits, daß der Bedarf in den beiden behandelten Wirtschaftssystemen scheinbar etwas Verschiedenes sei. Sowohl LEDERER, wie schon lange vor ihm, mit stärkerer Betonung vielleicht und größerer Ausführlichkeit der Darstellung, RODBERTUS weisen auf diesen Unterschied als so überaus bedeutungsvoll für die Entstehung der Krisen, also der Unterbrechungen des steten Aufstiegs der Wirtschaft im kapitalistischen System hin. RODBERTUS denkt sich ja im Rahmen der von ihm skizzierten Planwirtschaft, in der die Produktionsmittel sich im Besitze der Gemeinschaft befinden, daß diejenige Menge Arbeitszeit, die ein jeder zu Beginn einer Wirtschaftsperiode in derselben zu leisten sich bereit erklärt, den Maßstab abgibt für die Menge der ihm zur Verfügung stehenden Kaufkraft, so daß an dieser vorher bestimmbaren Menge der Umfang der Produktion der nächsten Periode klar abzulesen ist. Heute zeigt nicht die Bereitschaft zu arbeiten an, wieviel produziert werden und wieviel ein jeder vom Ertrage empfangen wird. Dies letztere vielmehr ergibt erst der Kaufkrafterwerb, der also nicht aus der Bereitschaft zu arbeiten, sondern aus bereits geleisteter Arbeit sich ergibt.

Nicht die Bereitschaft zur Arbeit ist das Entscheidende, vielmehr stehen neben denjenigen, die Arbeit anbieten, noch andere, die Produktionsmittel, Kapital und Boden anzubieten haben, die zum Erfolg der Arbeit beitragen müssen. Wir wollen hier unser Augenmerk im wesentlichen darauf richten, daß neben den Besitzern der Arbeit die Besitzer des Kapitals Empfänger von Einkommen sind, also den Anteil der Lohnempfänger am Produktionsergebnis beeinträchtigen.

In der planwirtschaftlichen Gemeinwirtschaft ist das Kapital im Besitz der Gemeinschaft. Die Zentralstelle, der die Produktion anvertraut ist, kann darüber verfügen. In unserem heutigen System befindet sich ein Teil der Wirtschafter im Besitz dieser Komplementärgüter der Arbeit und läßt diese bei der Produktion gegen ein Entgelt, gegen Zahlung eines Preises, mitwirken, d. h. dieser Besitz ist ihnen Quelle eines Einkommens. Daraus erhellt, daß in dieser Wirtschaft der Produktionsertrag der Periode *nicht* unter alle Wirtschafter je *nach der geleisteten Arbeit* verteilt wird, sondern daß er hier wenigstens zum Teil *Eigentum der Produktionsmittelbesitzer* ist, da diese nur dann die Produktionsmittel hergeben, wenn sie den hierauf entfallenden Anteil des Ertrages zugesprochen erhalten. Also die Arbeiter erhalten nur einen Teil des Produktionsertrages, der der *Wertung* ihrer Arbeit entspricht. Auch sie verlangen für ihre Mitwirkung in der Produktion einen Ertragsanteil und erhalten diesen zugesagt, zugesagt je nach getätigter Arbeitsleistung, erhalten also quasi eine Bescheinigung der Unternehmer, daß sie dem

Ertrag soundso viel zugefügt haben, die sie dann ihrerseits berechtigt, soundso viel demselben wieder zu entnehmen. Erst diese Bescheinigung über geleistete Arbeit macht sie fähig, Einfluß auf die Gestaltung der Produktion auszuüben durch effektiv zu beachtende Nachfrage. Wir sahen vorne, daß es im Interesse gerade des egoistischen nur auf höchste Gewinne eingestellten Unternehmers liegt, die Winke, die ihm diese effektive Nachfrage durch ihre Einwirkung auf die Preise gibt, aufs genauste zu beachten. Aber es zeigt sich hier zweierlei: Nachfrage kann nur ausüben, wer Besitz hat, sich im Besitz eines Anteilscheines am Ertrag befindet und dann: Erst schon getätigte Mitwirkung gewährt solchen Besitz, der allein Einflußnahme auf die Produktionsgestaltung ermöglicht, also erst, wenn die Produktion bereits beendet ist, kann der Besitz sich äußern über die Art der Nachfrage, dann erst steht untrüglich fest, welche Produkte verlangt werden. Die Leiter der Produktion unseres Wirtschaftssystems können sich also bei Bestimmung der Richtung ihrer Produktion nicht auf zuverlässige Voraussicht des künftig amMarkte von den Konsumenten Verlangten, sondern auf nur Mutmaßungen, die sich stützen auf die Erfahrung der Vergangenheit, verlassen. Hier liegt natürlich eine wesentlich größere Gefahr des Auseinanderklaffens von Nationalproduktion und Nationalbedarf als im System der planmäßigen Bedarfsdeckungswirtschaft des Rodbertus, in dem zuvor die vorhandenen Leistungseinheiten und damit die *Produktionsmöglichkeiten ebenso bekannt sein sollen, wie der auf Grund der Leistungen zu berücksichtigende Bedarf*. Wenn auch zugegeben werden muß, daß im Falle vorheriger genauer Erfassung des Bedarfes bei einheitlicher Leitung der Produktion Krisen kaum mehr auftreten werden, so muß doch gesagt werden, daß diese Möglichkeit nichts anderes als eine Fiktion darstellt. Nur wenn man, was der Sozialismus heute allgemein und auch Lederer in seinem Zukunftsstaat, von dem er allein die rückschlaglose Aufwärtsentwicklung der Wirtschaft erwartet, nicht will, die Regelung des Konsums auch der Zentralleitung der Planwirtschaft überließe, wäre — theoretisch wenigstens — denkbar, daß der Bedarf mit Exaktheit erfaßt wird und infolgedessen auch Absatzstockungen zu vermeiden sind[1]. Die heute skizzierten Forderungen nach Planwirtschaft schließen aber die autoritative Regelung des Konsums nicht in sich. Eine sichere Stellung des Produzenten wäre also auch hier nicht gegeben. Auf jeden Fall bleibt die Frage der Wertung der Bedürfnisse, die mit knappen Produktionsmitteln befriedigt werden sollen. Der Leiter der Produktion muß wissen, welchen Bedürfnissen Priorität zuzumessen ist. In derjenigen Planwirtschaft, in der nur die Produktion planmäßig geregelt ist, der Bedarf also bestimmt ist durch Willen und Konsumkraft der Einzelwirtschafter,

[1] Ein solches theoretisch funktionierendes System würde jedoch in der Praxis stets scheitern.

findet eine subjektive Wertung durch die Einzelwirtschafter statt, der dann eine zweite, objektive, im Tauschprozeß folgt. In der Volkswirtschaft, in der die Produktionsmöglichkeiten nicht jedem klar vor Augen liegen, in der jeder isoliert die Befriedigung der *ihm* am dringendsten erscheinenden Bedürfnisse ohne Rücksicht auf die Beschränktheit der zur Herstellung von Gütern gegebenen Mittel sucht, ist ein objektiver Maßstab, an dem sich ablesen läßt, welcher Bedarf gedeckt werden kann, welcher nicht, notwendig. Wäre keine Knappheit, so brauchte man keine Kaufkraft, dann wäre nicht der Besitz eines Anteilscheines nötig, um Bedarf geltend machen zu können; die Knappheit herrscht aber auch in der Planwirtschaft, also braucht man auch hier den objektiven Wertmaßstab, den Preis. Die Möglichkeit der Preisbildung ist Voraussetzung einer jeden Wirtschaft, in der nicht die Willkür einzelner über die Bedarfsdeckung der übrigen entscheidet, ist die Grundbedingung für die annähernde Durchsetzung der jeweiligen Bestkombination. Preisbildung hat nur dann einen Sinn, wenn der Preis bezahlt werden muß. Es muß also auch Besitz an Kaufkraft, sei er ausgedrückt in Geld, Anteilscheinen oder Gutschrift, hingegeben werden. Auch der Leiter der Planwirtschaft steht so einer Ungewißheit gegenüber, er hat zur Richtschnur das gleiche Regulativ, wie die Leiter der kapitalistischen Produktion; auch für ihn ist die Vergangenheit die Stütze, die in ihr liegenden Entwicklungstendenzen muß er erkennen. Selbst Rodbertus stimmt dem zu, wenn er mit Bezug auf die Bedarfsvorausbestimmung seitens der Zentralstelle sagt: „Erfolgt diese Vorausbestimmung nicht, so ist sie in demselben Falle wie die heutigen Unternehmer, sie vermag nur aus der Vergangenheit auf die Zukunft zu schließen[1]." Die Zukunft ist höchstens mit Wahrscheinlichkeit zu bestimmen, nur die Reaktionen des Preismechanismus zeigen die herrschenden Tendenzen den Produktionsleitern an, und der Preismechanismus ist eben jener die Notwendigkeit des Kaufkraftbesitzes in sich schließende Wertungsapparat, der das Angebot mit der kaufkräftigen Nachfrage in Einklang hält. *Das Erfordernis eines Kaufkraftbesitzes als Konstatierung einer Mitleistung ist also allen praktisch denkbaren Wirtschaften gemein.*

Wenn Lederer in seinen „Grundzügen" immer wieder als charakteristisch für die kapitalistische Verkehrswirtschaft die Erscheinung bezeichnet, daß nicht der Bedarf an sich, sondern der Besitz an Kaufkraft die Richtung der Produktion bestimmt, so will er damit wohl kaum das von uns zuvor Behauptete bestreiten, will vielmehr andeuten, daß diese nur mögliche Beeinflussung der Produktion durch *kaufkräftigen* Bedarf erst die heutigen Einkommenverhältnisse entscheidend werden läßt für die Gestaltung der Produktion.

---

[1] Rodbertus: Das Kapital, S. 495.

§ 3. Das Recht auf den vollen Arbeitsertrag.

Kehren wir zu RODBERTUS zurück. Es steht also fest, daß die Arbeiter nur einen Teil des gesamten Produktionsertrages erhalten. Nicht eine feste Quote des jeweiligen Ertrages erhalten sie, sondern vielmehr einen bestimmten Geldlohn, dessen Höhe von Zeit zu Zeit neu festgelegt wird und teils bestimmt ist durch die Arbeitsmarktlage, teils durch das Gewinnstreben der Produktionsmittelbesitzer und damit zusammenhängend durch das Gravitationsgesetz des Lohnes, das die dem Lohn innewohnende Tendenz, nach den notwendigen Unterhaltskosten des Arbeiters zu fallen, ausdrückt. Es wird also nicht autoritativ der Anteil der Arbeiterschaft am Ertrag als eine bestimmte Quote desselben festgesetzt, sondern dem freien Verkehr bleibt es überlassen, die Verteilung vorzunehmen, so daß die Vormachtstellung der Besitzenden sich hier auswirken kann. Auch die Verteilung des nach Abzug des Lohnes verbleibenden Restes des Produktionsertrages geht auf dem Wege des freien Verkehrs vor sich. Nicht bestimmte Quoten werden zwischen den einzelnen Wirtschaftskreisen vereinbart, sondern immer wieder wechselnde bestimmte Kaufkraftmengen. So ergibt sich die Möglichkeit einer ständigen Verschiebung im Verhältnis der Quoten der einzelnen Schichten. Wieder taucht die Gefahr der Absatzkrise auf, denn während die Unternehmer ihre Dispositionen auf den Erfahrungen der Vergangenheit aufbauen, hat ganz im stillen die Gegenwart bereits ihr Gesicht verändert, die Nachfrage hat längst von der Einkommenverteilung her eine Verschiebung erfahren, mit der die Unternehmer nicht gerechnet haben. Am gefährlichsten ist diese Erscheinung, weil dieser Vorgang ständiger beträchtlicher Nachfrageverschiebungen aus den Gesetzen der heutigen Lohnbildung heraus sich entwickeln *muß*, weil der Lohn immer wieder tendiert, auf die Unterhaltskosten herabzusinken und die Produktionsmittelbesitzer im Interesse ihrer Gewinne bestrebt sind, ihn immer wieder auf diesem Minimum zu halten. Deshalb bleiben die breiten Massen der Wirtschafter, die Arbeiter, von der Teilnahme an den Erfolgen des Wirtschaftsaufstieges ausgeschlossen. Sie erhalten immer etwa den gleichen Realwert, wie RODBERTUS in seinem vierten Brief an v. KIRCHMANN darlegt, während mit der von ihnen geleisteten Arbeit längst eine größere Produktmenge hergestellt wird. Die Produktivität steigt ständig, mit gleichen Mitteln ist ein immer größerer Ertrag zu erzielen und die Masse der Konsumenten, die Arbeiterschaft, ist „nun auch noch von dem Mitgenuß ihrer steigenden Produktivität ausgeschlossen[1]", weil ihr die notwendige Kaufkraft fehlt. Ein Druck auf die Preise wird so ausgeübt und dadurch die Unternehmer zur Einstellung der Grenzproduktionen

[1] RODBERTUS: Das Kapital, S. 144.

veranlaßt. So können mitten in der materiellen Not „Arbeit und Kapital dennoch nutzlose Gegenstände geworden sein[1]."

Fragen wir uns zunächst, ob denn hier wirklich lediglich auf Grund eines Fehlers der heutigen Wirtschaftsorganisation die Arbeiter nur einen Teil „ihres" Produktes erhalten. Es wird immer wieder das Erfordernis des Besitzes an Kaufkraft betont, ohne das eben niemand teilhaben könne am Ertrag. Diese Kaufkraft, sagten wir, konstatiert lediglich die erfolgte Mitwirkung bei der Produktion. Aber der Kapitalist leistet ja nichts, er gibt nur seinen Kapitalbesitz her gegen das Versprechen dafür Zins zu zahlen. Wenn nun die Gemeinschaft sich im Besitz des Kapitals befände, meint RODBERTUS, so bedürfe es nicht mehr eines Tausches, eines Kaufes, der Hingabe schon erstandener, schon besessener Werte, um über Produktionsmittel als Komplementärgüter für den Arbeitsbesitz verfügen zu können. Es bedürfe dann vielmehr nur der Anordnung der Zentralstelle. Die Arbeiterschaft brauchte dann nicht mehr zu dulden, daß ein Teil der von ihr hergestellten Produkte ihr vorenthalten und anderen Schichten, den Kapitalisten, den Besitzern der Produktionsmittel, zur Verfügung gestellt würde, damit sie, die Arbeiter, für ihre Arbeitskraft überhaupt ertragbringende Verwendung fänden. „Der gesellschaftliche Wille verfügt und konstituiert, wo sonst individuelle Willen sich streiten und vereinbaren[2]." Nur die Arbeit selbst hat dann noch einen Wert. Nur für sie wird ein Ertragsanteil gutgeschrieben und die Folge ist, daß der Arbeiter den ganzen Wert seines Produktes zugesprochen erhält.

Scheinbar ist es richtig, daß der Wegfall des Produktionsmittelbesitzes, des Kapitaleigentums, auch Wegfall der für die Mitwirkung dieses Kapitals in der Produktion heute zu entrichtenden Preise bedeuten würde. Scheinbar, denn in Wirklichkeit wird ja der Preis gar nicht, wie RODBERTUS meint, bezahlt, weil die Kapitalbesitzer dies zur Bedingung machen, sondern einzig und allein, weil die Notwendigkeit, mit knappen Mitteln zu wirtschaften, eine Ausschließung der minder wichtigen Bedürfnisse von der Befriedigung erheischt. Wir haben schon mehrfach auf die aus diesem Grunde stattfindende Wertung der Bedürfnisse und deren Geltendmachung durch Kaufkrafthingabe verwiesen. Auch dann, wenn die Gemeinschaft das Kapitaleigentum hätte, müßte eine solche Wertung vorgenommen werden, denn gewirtschaftet wird auch hier und *wirtschaften heißt ja mit knappen Mitteln beste Bedarfsdeckung erreichen.* Auch in der sozialistischen Planwirtschaft würde der minder dringende Bedarf durch hohe Preise von der Befriedigung ausgeschlossen, würde so die zweckmäßigste Verwendung der Mittel gewährleistet. Wie ist dieser Vorgang zu denken? Wir haben gezeigt, daß jede Wirt-

[1] RODBERTUS: Das Kapital, S. 142.
[2] RODBERTUS: Das Kapital, S. 87. Rotthammer u. Mühlbrecht 1913.

schaftsform Orientierung der Produktion am Bedarf mit sich bringt, d. h. die Produktivkräfte werden so verwandt, wie die Einzelwirtschafter als Konsumenten es wünschen. (Wir unterstellen hier, daß in der RODBERTUSschen Wirtschaft der Wille der Zentralstelle und der Einzelwirtschafter übereinstimmt, so daß auch für diese das gleiche gelten würde.) Der Sinn des Kaufkrafterfordernisses ist, dabei Produktionsmöglichkeit und effektiven Bedarf in Einklang zu bringen. Kaufkraft besitzt jeder, der an der Produktion mitwirkte in Höhe des Wertes seiner Mitwirkung. Will er nun einen Bedarf befriedigen, dessen Befriedigung Mitwirkung von Produktionsmitteln erheischt, so tritt er in Konkurrenz mit all denen, deren Bedürfnisbefriedigung das gleiche Erfordernis stellt. Derjenige kommt zum Zuge, der dadurch, daß er die im Gleichgewichtszustand zu zahlende Kaufkraft hinzugeben bereit und fähig ist, dokumentiert, daß sein Bedarf der sozialökonomisch objektiv wichtigste ist, daß sein Bedarf für ihn dem Wert der hingegebenen Leistungen entspricht. Es hat lediglich ein Leistungstausch stattgefunden, als Äquivalent für die Befriedigung seines Bedürfnisses hat jemand soundso viel Leistungen hingegeben, nun statt an die Kapitalisten an die Gemeinschaft. Damit ist dasselbe geschehen, wie bei RODBERTUS, nur daß dort die Wertung des Bedürfnisses an einer allgemein gültigen Skala abzulesen ist und im voraus bestimmt ist, wieviel Leistungen ein jeder tätigen wird und wieviel und welcher Bedarf daher befriedigt wird. In unserem Fall dagegen werden die Leistungen zuerst getätigt, dann die Rangordnung der Bedürfnisse bestimmt, und zwar dies durch den einzelnen selbst und objektiv durch den Preisbildungsprozeß wird festgesetzt, wieviel Leistungseinheiten (welche Kaufkraft) der einzelne seinem übrigen Bedarf entziehen muß, um den vorliegenden zu befriedigen. Hier müßte also zwar nicht privaten Besitzern des Kapitals ein Anteil am Ertrage versprochen werden, wenn die Mitwirkung des Kapitals zur Befriedigung eines bestimmten Bedürfnisses notwendig wäre, wohl aber der Zentrale. Diese wird also auf keinem anderen Wege veranlaßt, der Produktion die und die Richtung zu geben, als der Unternehmer bzw. der Kapitalist unserer Wirtschaftsordnung[1]. Als Einkommenbezieher würden also die jetzigen Kapitalbesitzer ausfallen, d. h. es würden die Kreise, die etwa heute von den Erträgen ihres

[1] Ob dieser zu befriedigende Bedarf nun ein vernünftiger Bedarf sei, das zu entscheiden wäre auch nicht Sache der planwirtschaftlichen Zentrale. Sie hätte auch jeden kaufkräftigen Bedarf anzuerkennen. Dies vergiß LEDERER und mit ihm TARNOW u. a., wenn sie die Möglichkeit von Lohnerhöhungen deshalb für gegeben erachten, weil ja Produktivkräfte zur Befriedigung ganz unwichtiger Bedürfnisse, z. B. des kollektiven Schutzbedürfnisses, wie es sich auswirkt in dem Bau eines Panzerkreuzers, verwendet würden, obwohl man sie zur Förderung des Wirtschaftsfortschrittes zweckmäßiger verwenden könnte. — Eine exakte sozialökonomische Theorie ist nur solange denkbar, als sie sich von ähnlichen Werturteilen freihält, was allerdings, wie wir zugeben müssen, auch den praktischen Wert einer derartigen Theorie einengt.

Kapitals leben, nunmehr gezwungen sein, eine produktive Tätigkeit auszuüben. Wie verwenden nun die Kaptialisten ihr Kapital, d. h. richtiger, das aus diesem zu erzielende Einkommen? Zunächst bietet das Einkommen die Grundlage ihres Konsums. Einen Teil verwenden sie also zur Nachfrage nach Konsumgütern. Einen anderen aber zur Nachfrage nach Kapitalgütern. Welche Kapitalgüter fragen sie nun nach? Oft werden sie direkt, werden sie selbst überhaupt keine derartige Nachfrage ausüben. Sie stellen vielmehr diejenige Kaufkraft, den Teil ihres Einkommens, der nicht dazu dient, ihnen Konsumbefriedigung zu sichern, einem Wirtschafter zur Verfügung, der seinerseits nun damit Produktionsmittel, Kapitalgüter nachfragt. Diejenigen Wirtschafter vermögen sich jedoch nur in den Besitz von solcher Kapitaldisposition, von Anweisungen auf Teile des Einkommens anderer, die von diesen nicht dem Verzehr gewidmet werden, zu versetzen, die dafür den richtigen Preis zahlen, d. h. den Preis, der bei jenem von RODBERTUS verhöhnten Feilschen am Markt zustande kommt. Wie er zustande kommt, lehrt uns die Preislehre und es erübrigt sich, das Wesen des Preisbildungsprozesses hier zu schildern, da wohl heute Klarheit darüber besteht, daß die Preisbildung im Grunde kein willkürlicher Vorgang ist, unbeschadet der Angriffe, der diese Meinung etwa im Zeitalter der Kartelle und „Monopole" ausgesetzt ist. Diejenigen Wirtschafter nun sind aber nur imstande, den Preis für die Überlassung der Kapitaldisposition zu zahlen, die sicher sind, aus der Produktion, in der sie die zu beschaffende Kapitaldisposition zu verwenden gedenken, so viel herauswirtschaften, daß der Preis für die geliehene Kapitaldisposition, der Zins, dabei herausgewirtschaftet wird, neben den Preisen für die übrigen benötigten Produktionsfaktoren einschließlich ihrer eigenen Arbeit und der Ausübung der Unternehmerfunktion. Sicher sind sie dessen, weil sie „wissen", daß letzten Endes die Konsumenten bereit sind, für die mit Hilfe des Kapitals hergestellten Güter einen so hohen Preis zu zahlen, d. h. so viel Leistung ihrerseits der Volkswirtschaft zur Verfügung zu stellen, daß damit alle diese Kostenfaktoren gedeckt sind. Soweit das Bild in der kapitalistischen Verkehrswirtschaft.

Wie sähe es in der Wirtschaft ohne Eigentum an Boden und Kapital aus? Das Kapital befindet sich im Besitz der Gemeinschaft. Die Zentralstelle, von der die Wirtschaftsleitung ausgeht, verfügt über seine Verwendung, darüber, daß auch sie einen Preis fordern muß dafür, daß sie diese oder jene Produktion durch zur Verfügung stellen von Kapital ermöglicht, sind wir uns nach dem Voraufgesagten im klaren. Das Einkommen also, das die bisherigen Kapitalbesitzer aus ihrem Eigentumsrechte zogen, fließt jetzt der Zentralstelle als der Verwalterin des Gemeinschaftseigentumes zu. Sie befindet sich damit in Besitz von Leistungsbescheinigungen, zugleich Anteilscheinen am Produktionsergebnis und kann diese entweder allen Wirtschaftern oder einzelnen zur Verfügung stellen, damit diese ihren Konsum vergrößern oder aber sie kann damit die Herstellung von Produktionsmitteln bewirken. RODBERTUS meint, es sei in dieser Planwirtschaft kein Sparen mehr nötig wie in der heutigen Wirtschaftsordnung. Nun, — sparen heißt schließlich nichts anderes als umdisponieren von Produktivkräften in dem Sinne, daß auf gegenwärtigen Konsum zugunsten eines zukünftigen, verbesserten verzichtet wird. Dies Umdisponieren nimmt heute der einzelne, dort die Zentralstelle vor. Diese hat ja keine andere Aufgabe, als die Produktion dem Bedarf[1] anzupassen. Auch sie erhebt Preise, fordert, daß der zur Geltung kommende Bedarf ein kaufkräftiger sei. Wird nun von den Konsumenten sehr viel Bedarf geäußert, zu dessen Befriedigung Kapitaldisposition notwendig ist, so wird die Zentralstelle den zu befriedigenden Bedarf derart beschränken müssen, daß er mit dem vorhandenen Kapital zu befriedigen ist, d. h. sie muß einen entsprechend hohen Preis setzen. Das Anziehen dieses Preises zeigt ihr zugleich an, daß ein dringender vermehrter Kapitalbedarf (im Vergleich mit dem vorhandenen Kapital) vorhanden ist und so wird ihr über den Preisbildungsprozeß klar gemacht, daß eine verstärkte Kapitalbildung vonnöten ist. Sie wird also das Zinseinkommen höher oder niedriger halten müssen, je nachdem die Notwendigkeit der Bedarfbeschränkung einen höheren oder niedrigeren Preis diktiert und danach ihrerseits die entsprechende Nachfrage nach Leistungen zur Herstellung von Produktionsmitteln ausüben, soweit als ihr das auf Grund der Fingerzeige des Preisbildungsprozesses notwendig erscheint. Der Spargrad wäre also in der sozialistischen Planwirtschaft an der Nachfrage der Konsumenten orientiert. Das Umdisponieren der Produktivkräfte in Richtung Konsum oder Akkumulation ist also genau wie in der heutigen Wirtschaftsform bestimmt durch die Nachfrage der Konsumenten[2]. Allerdings muß gesagt werden, daß in der kapitalistischen Verkehrswirtschaft immer die Verwendung eines Teiles des Zinseinkommens vorausbestimmt ist durch den Konsumwillen der Zinsempfänger, dies dürfte jedoch mengenmäßig kaum ins Gewicht fallen[3].

Es ist also keine Wirtschaftsform, in der mit der Einschlagung von Produktionsumwegen zu rechnen ist, denkbar, die den Arbeiter in Genuß

---

[1] Der Bedarf ist hier keiner planmäßigen Regelung unterworfen.

[2] Ob tatsächlich eine Zinspreisbildung in der sozialistischen Planwirtschaft, in der ja die Voraussetzung dafür, ein Markt für Kapitaldisposition, fehlt, möglich ist, ist für den Zweck unserer Untersuchung irrelevant. Eine Stellungnahme dazu würde also über den Rahmen dieser Arbeit hinausgehen.

[3] Unsere Auffassung deckt sich in dieser Beziehung mit derjenigen MASSARS, der ja den Fall der Lohnerhöhung auf Kosten des Konsums der Besitzenden deshalb für unerheblich hält, weil die hier in Frage kommende Konsummenge relativ unbedeutend sei.

des vollen Wertes „seines“ Produktes kommen ließe, weil eben zur Bereitstellung der übrigen Produktionsfaktoren ein Teil des Produktionsertrages verwendet werden muß, *weil ein Sparen immer notwendig ist.*

§ 4. Die zunehmende Akkumulationsquote der kapitalistischen Verkehrswirtschaft.

Die sozialistische Planwirtschaft würde also die Akkumulation streng dem Bedarf der Konsumenten anpassen und dies wird ihr häufig als Vorzug gegenüber der kapitalistischen Verkehrswirtschaft angerechnet. Zugrunde liegt dem eine Behauptung, die bei HERKNER folgendermaßen formuliert ist: „Die Kapitalisierung erfolgt nicht mit Rücksicht auf die Kapitalbedürfnisse der Volkswirtschaft, sie entspringt vielmehr dem Verwertungsbedürfnis des Kapitals selbst . . .[1]“ Dieser Fehler wäre in der planmäßigen Gemeinwirtschaft beseitigt. Würde die Zentralstelle sehen, daß im Augenblick kein Bedarf an Kapital vorhanden sei, so würde sie die Akkumulation einschränken und statt dessen den Konsum ausdehnen. Aber heute: Was sollen schließlich die Kapitalisten anderes tun, als ihr Kapitaleinkommen zu akkumulieren? Dasselbe wächst immer mehr und Konsumbedürfnis, Konsumwille und Vermögen der Kapitalisten sind schließlich auch beschränkt und so wird zwangsläufig mit diesem Einkommen nicht Nachfrage nach Konsumgütern, sondern nach Produktionsmitteln ausgeübt. Andere Wirtschafter vermögen sich diese Anteile nicht zu Konsumzwecken zu verschaffen, weil sie den Zins nicht zahlen könnten, da ja Konsum nichts abwirft. Es ist also sicher, daß dieser den Konsumbedarf der Kapitalisten übersteigende Teil ihres Einkommens akkumuliert wird, weil andere Verwendungsmöglichkeit fehlt. Nun sahen wir aber, daß der Preis für die Kapitaldisposition nicht bestimmt wird von den Kapitalisten, vielmehr von den Marktverhältnissen, wie sie sich ergeben aus Angebot an Kapitaldisposition und Nachfrage der Konsumenten nach derselben. Wenn also nur geringer Bedarf nach Kapitaldisposition besteht, aber solche in großem Maße angeboten wird, so wird der Preis derselben fallen. Was bedeutet das aber? Der Preis setzt die Grenze zwischen den Bedürfnissen, die mit vorhandenen Mitteln gerade noch befriedigt werden können und denen, die von der Befriedigung ausgeschlossen bleiben müssen infolge des Mangels an Bedarfsdeckungsmitteln. Sinkt nun der Preis, so werden sofort eine ganze Anzahl unbefriedigter Bedürfnisse, die dicht unterhalb der bisherigen Grenze liegen, nach Befriedigung drängen. Wir haben aber immer wieder darauf hingewiesen, daß das Erfordernis der Kaufkraft nichts anderes ist als daß eine Wertung vorgenommen wird. Wird die zu fordernde Kaufkraft nun geringer, so heißt das, daß bisher ge-

[1] HERKNER: Handb. d. Stw. 1892.

ringer gewertete, so gering bewertete Bedürfnisse, daß sie nicht zum Zuge kamen, nun höher bewertet werden, so hoch, daß ihre Befriedigung jetzt möglich ist. (Es handelt sich hier immer um Relationen.) Jedes Sinken des Preises der Kapitaldisposition zeigt also da, daß bisher unbefriedigte Bedürfnisse in den Kreis der zu befriedigenden aufsteigen. Mit gleicher Kaufkraft läßt sich jetzt mehr Bedürfnis befriedigen. Die Unbegrenztheit der auf Befriedigung wartenden Bedürfnisse also verhütet immer wieder, daß der Preis für die Bedarfsdeckungsmittel auf Null sinkt, womit angezeigt wäre, daß Überfluß an ihnen herrschte. Sie sind vielmehr immer relativ knapp, es muß immer ein Preis bezahlt werden[1]. Es kann also nie zuviel gespart werden, und wenn der Kapitalist, dem Preisanzeiger folgend, dorthin sein Kapital fließen läßt, wo es am dringendsten gebraucht wird, was ja in seinem eigenen Interesse liegt, so tut er das Gleiche, was auch der Leiter der Planwirtschaft tun müßte.

Wenn nun diese Feststellungen vielleicht auch Zustimmung finden, so wird uns sicher entgegengehalten, daß zwar an sich nicht zuviel gespart werden könne, daß aber in der kapitalistischen Verkehrswirtschaft die Akkumulationsentwicklung nicht in Einklang stehe mit der Entwicklung der ihr erst zur Wirksamkeit verhelfenden konsumtiv zu verwendenden Kaufkraft. Wenn die Akkumulation immer wieder zu Akkumulation führe, indem die steigende Gewinne der Unternehmer und Kapitalisten quasi mit Naturnotwendigkeit wieder der Akkumulation dienten, so ergäbe sich das Bild, daß zwar die Nachfrage nach Produktionsmitteln und die Produktion derselben sich immer mehr ausdehne, darüber aber vergessen würde, daß ja eigentlich Zweck der Produktion die Herstellung von Konsumgütern sei, die unter diesen Umständen vom Gesichtspunkt der Einkommenverteilung keinen Ansporn mehr erfahre, da diejenige Kaufkraft, die Nachfrage nach den Konsumgütern ausübt, nicht zu, sondern im Komplex der Gesamtkaufkraft abnimmt. Diese Entwicklung ist wohl gemeint, wenn LEDERER davon spricht, daß es plötzlich allen Wirtschaftern sinnvoll erscheinen könnte zu sparen, statt zu verzehren, und daß daraus notwendig Krisen entstehen müßten und sie ist vor allen Dingen gemeint, wenn TARNOW sagt: „Nicht der Backofen ist das Ziel der Wirtschaft, sondern das Brot[2]".

Ist nun diese Vorstellung: Stetes zunehmendes Kapital und zugleich — relativ wenigstens — Rückgang der Lohnsumme denkbar? Überlegen wir uns noch einmal, was eigentlich Kapitalbildung heißt. Zunächst: Verzicht auf Konsum, aber zugleich auch Nachfrage nach Produktiv-

---

[1] An dieser Stelle darf vielleicht auch wiederholt werden, was die vorstehenden Erörterungen schon zum Inhalt haben, daß die Kaufkraftmenge, die insgesamt zur Verfügung steht, nicht eine Grenze bietet für die Produktionsmöglichkeit, vielmehr gerade durch diese bestimmt ist.

[2] TARNOW: Warum arm sein? S. 42.

kräften, denn Kapitalbilden ist ja nicht gleich thesaurieren, bedeutet vielmehr Umdisponieren von Produktivkräften. Wird Einkommen zur Kapitalbildung verwandt, so heißt das, daß mit gleicher Kaufkraft gleiche Wertmenge von Ertragsteilen nachgefragt wird und statt in unmittelbarer Richtung auf Konsum in Richtung auf Verbesserung des Produktionsapparates kombiniert wird. Die Anteilsrechte des Sparers werden also ebenso geltend gemacht wie die des Konsumenten, nur in anderer Richtung. Auf die Produktivkräfte aber stehen Preise, die bei wirksamer Nachfrage bezahlt werden und die Preise wiederum sind Grundlage irgendwelcher Einkommen. Indem der Kapitalist Preise zahlt, empfangen die Besitzer der als Gegenwert hingegebenen Produktivkräfte Anteile am Produktionsertrag. Fassen wir es konkreter: Ein Unternehmer, zugleich Kapitalist, zieht ein hohes Einkommen aus seinem Kapital. Er beschließt, dieses nicht zu verzehren, sondern damit den Bau einer neuen Fabrikationsanlage zu unternehmen. Er fragt Materialien und Arbeiter nach, zunächst, um die Häuser für das neue Unternehmen zu errichten. Zugleich wird er einer Maschinenfabrik den Auftrag geben, die maschinelle Einrichtung seines künftigen Betriebes zu erzeugen. Da nicht alle Aufträge sofort und zu gleicher Zeit erledigt werden können, werden Teile des zur Errichtung der gesamten Anlage zur Verfügung stehenden Kapitals zeitweise anderweitig verfügbar. Der Kapitalist wird sie über eine Bank einem anderen Unternehmer zur Verfügung stellen, der gerade jetzt Mittel zur Bezahlung der Mitwirkung von Produktivkräften in seinem Unternehmen benötigt. So wird das ganze Kapitaleinkommen unseres Kapitalisten in kürzester Zeit wieder Einkommen anderer Leute, z. B. der Zementfabrik, die damit die Löhne ihrer Arbeiter bezahlt. Oder aber der Maurer, die unser Unternehmer selbst beschäftigt, oder der Maschinenfabrik, die ihre Rohstoffe und damit die Arbeiter etwa der eisenschaffenden und der kohlefördernden Produktionszweige bezahlt, und auch ihre eigenen Arbeiter. Wir sehen hieraus, daß das Sparkapital Voraussetzung ist für die Beschäftigung der verschiedensten Unternehmen und der in diesen angestellten Arbeiter, also sich für diese in Einkommen umsetzt. *Starke Kapitalbildung wird auch erhöhte Nachfrage nach Arbeitskräften seitens der verschiedensten Produktionszweige auslösen* und damit Steigerung — wenn auch nicht notwendig des Einzellohnes — so etwa noch Arbeiterreserven zu gleichem Lohn zu haben sind — der Gesamtlohnsumme bewirken. Die Herstellung von Kapitalanlagen auf Grund der Akkumulation unseres Unternehmers entzieht also zwar einerseits der Produktion von Konsumgütern Produktivkräfte, regt diese aber andererseits auch wieder an, indem sie Arbeitern Beschäftigung gibt, sich also in Arbeitseinkommen umsetzt. Bedenken wir doch auch, daß die Hauptkosten fast aller Produkte direkt und indirekt Arbeitskosten sind, was in manchen Zweigen bis zu 95% hinaufgeht, da ja jedes Produktionsmittel und jeder Rohstoff in seinen Kosten auch wieder hauptsächlich Arbeitskosten enthält. Die Lehre von der Verdrängung der variablen durch die fixen Kosten ist zwar privatwirtschaftlich richtig, auf das Gebiet der volkswirtschaftlichen Betrachtung übertragen wird sie aber zur Irrlehre.

Setzen wir den Begriff Kapital nun nicht mehr, wie soeben, dem von Kapitaldisposition (Verfügungsgewalt über Güter) gleich, sondern verstehen wir darunter jetzt jene konkrete Gütermenge, die dem Konsum entzogen, der Produktion gewidmet ist, die unmittelbaren Komplementärgüter der Arbeit, so wird uns klar sein, daß eine bessere Ausstattung der Volkswirtschaft mit produzierten Produktionsmitteln höhere Produktivität der menschlichen Leistung zur Folge haben wird. Es muß schon hier der Einwand widerlegt werden, die Maschinenanwendung setze ja auch Arbeiter frei und verknappe dadurch die Nachfrage nach Arbeitskräften. Gewiß ist dies vom einzelnen Betrieb aus gesehen richtig, aber bei volkswirtschaftlicher Betrachtung ist zu bedenken, daß die Maschinen ja auch erst hergestellt werden müssen und zum anderen verschärfte Mechanisierung des Betriebes Verbilligung der Produktion im Gefolge hat, also Erweiterung der Bedarfsdeckungsmöglichkeiten des einzelnen bei gleichem Nominaleinkommen und daß von dieser mengenmäßig größeren Nachfrage auch eine Besserung der Arbeitsmarktlage ausgeht. Wir dürfen das hier soeben Angeführte mit den Worten Adolf Webers zusammenfassen: „Je besser die Arbeitskraft mit komplementären Gütern ausgestattet ist, um so mehr steigert sich auf die Dauer die Produktivität der Arbeit, um so größer kann die effektive Nachfrage am Markte sein, um so mehr Arbeitskraft wird verlangt, was unter sonst gleichbleibenden Umständen zu einer Steigerung des Arbeitslohnes führen muß[1]."

Unsere theoretische Überlegung hat also ergeben, daß Kapitalbildung Belebung der Gesamtwirtschaft und damit auch des Arbeitsmarktes herbeiführt und sowohl Lohnerhöhung (Gesamtlohnsumme), wie Produktivitätssteigerung auslöst. Diese theoretische Feststellung, die die Behauptung, die Arbeiterschaft nehme nicht teil an der Produktivitätssteigerung und dadurch folge nun notwendig die Unterkonsumtion und die Krise, widerlegt, soll ergänzt werden durch eine kurze Betrachtung über den wirklichen Verlauf der Dinge.

Wir stimmen mit den hier kritisierten Theorien durchaus in der Anschauung überein, daß Krisen entstehen müssen und der Fortschritt gehemmt wird, wenn der Steigerung der Produktivität nicht auch eine Steigerung der Konsumtion, insbesondere der Massenkonsumtion, entspricht. Gerade deshalb müssen wir aber doch fragen, wie sollte die

[1] Weber, A.: Theoretische Volkswirtschaftslehre, S. 246.

technische Entwicklung, die zunehmende, gleichzeitige Mechanisierung und Ausweitung unseres Produktionsapparates erklärt werden, wenn nicht in der Tat der Produktivitätssteigerung eine Verbesserung der Bedarfsdeckung gerade auch der breiten Massen parallel gegangen wäre.

Herkner glaubte feststellen zu müssen, daß die Produktivitätssteigerung den Arbeitern auch in Form sinkender Preise nicht zugute käme, weil dieselben gerade solche Produkte am meisten benötigten, deren Preise sich nur wenig änderten bzw. senkten. Diese Behauptung trifft wohl kaum zu für die Zeit vor 1900 und auch heute müssen wir sagen, daß der Fortschritt der Technik und der Produktivität sich doch, wenn auch vielleicht in einzelnen Fällen nicht, in einer Senkung der Preise gerade der lebensnotwendigen Güter ausgewirkt hat. (Die Preissteigerungen der Nachkriegszeit, die ja andere Ursachen haben, sind hier natürlich außer Acht zu lassen.) Wenn nun aber gar behauptet wird, steigende Produktivität, Sinken der Produktionskosten löse keineswegs zwangsläufig auch Sinken der Preise aus, da ja der Unternehmer bestrebt sei, so viel Gewinn als möglich zu machen, so läßt sich diese Meinung allein durch den Hinweis auf die Konkurrenz widerlegen. Würden auf die Dauer trotz gesunkener Produktionskosten die Preise hochgehalten, so würde der zunehmende Gewinn neue Produzenten in den betreffenden Produktionszweig locken und so durch Angebotssteigerung eine Preissenkung herbeiführen.

Wäre dies alles nicht der Fall, so müßte man sich zunächst fragen, ob vielleicht die Produktivitätssteigerung deshalb dem einzelnen nicht zugute gekommen sei, weil die Bevölkerung stark zugenommen habe, — was ja tatsächlich für unsere Wirtschaft zutrifft — so daß dem gesteigerten Produktionsertrag auch ein erheblich wachsender Bedarf gegenübersteht, also dem Produktivitätsfortschritt die Notwendigkeit, größere Abnehmerkreise zu befriedigen, parallel läuft. Auch die Arbeitszeitverkürzung, wie jene ungeheure Verbesserung der Lebensbedingungen unserer Arbeiterschaft, wie sie in der umfassenden Sozialpolitik, insbesondere der Sozialversicherung, zu erblicken ist, muß Berücksichtigung finden.

Warum aber sollten die Preise gerade der Güter, die die Arbeiterschaft begehrt, nicht mit zunehmender Produktivität unter Berücksichtigung obiger Faktoren sinken? Mittels fortschreitender Technik, besserer Ausnutzung maschineller Möglichkeiten, sorgfältigerer und kenntnisreicherer Materialbehandlung, ist die Produktion sowohl landwirtschaftlicher Produkte, ebenso wie diejenige industrieller Erzeugnisse, verbessert und verbilligt worden. Wenn in den Budgets der Haushaltungen keine entsprechende Senkung der einzelnen Ausgabeposten für die einzelnen Bedarfszwecke zu verzeichnen ist, so dürfte dies doch wohl darauf beruhen, daß die qualitativen Anforderungen, ebenso wie die quantitativen, insbesondere bei den Arbeiterkonsumenten, erheblich gestiegen sind. Verpflegt sich der Arbeiter heute weniger gut als vor 20 Jahren, als vor 40 Jahren? Wohnt er weniger gut (im Durchschnitt) und kann er sich weniger sonstige Genüsse (Zigaretten, Alkohol, Kino) leisten, als früher? Ist hier nicht auch die zunehmende Fürsorge der Gemeinschaft für die wirtschaftlich Schwachen mit ihrem ganzen Verwaltungsapparat in Rechnung zu stellen? Und dann — denken wir an die Zeit nach dem Kriege — ist es nicht die Arbeiterschaft, deren Lebensstandard höher als im Jahre 1913 steht, obwohl die Nation in ihrer Gesamtheit verarmt ist und die Lebenshaltung verknappt wird durch die Lasten zur Liquidierung des Krieges? Das Einkommen dagegen aller übrigen Wirtschaftskreise, der Beamten sowohl wie der höheren Angestellten und auch der Kapitalisten ist erheblich zurückgegangen bei weiter stark gestiegener Besteuerung. Die These also, daß das Realeinkommen der Arbeiterschaft annähernd gleich bleibe, ist völlig unhaltbar und aus den theoretischen Erwägungen ergibt sich auch, daß es entsprechend der Produktivität der Wirtschaft steigt, also auch die Quote gleichbleibt, wenigstens auf die Dauer gesehen.

§ 5. Die Quotenverschiebung im Konjunkturaufstieg.

Nun konstatiert aber die Lederersche Theorie, daß für die Zeit des Konjunkturanstieges eine Quotenverschiebung im Sinne einer starken Zunahme des der Akkumulation gewidmeten Ertragsteiles zu verzeichnen sei, und es wird von niemanden bestritten werden können, daß die Akkumulation zu Zeiten rascher, zu anderen langsamer vor sich geht. Aus dieser Beobachtung könnte aber der Unterkonsumtionstheorie nur dann eine Stütze erwachsen, wenn erwiesen wäre, daß in der Tat der Umschwung von Hochkonjunktur zu Stockung durch eine von der Konsumseite her zu behebende Absatzkrise bewirkt würde. Lederer unterläßt eine eingehende Analsye, die diese Frage zu beantworten vermöchte. Spiethoff und Cassel haben mit nichts zu wünschen übriglassender Ausführlichkeit und historischen Belegen nachgewiesen, daß sowohl der Anstoß zur allgemeinen Produktionsausweitung, wie auch der Umbruch der Konjunktur, sein Schwergewicht in der Sphäre der Produktionsmittelerzeugung habe. Nun läßt sich ohne Zweifel nicht bestreiten, daß die Verwendung des Gesamtertrages der volkswirtschaftlichen Produktion sich im Konjunkturaufschwung insofern ändert, als die Akkumulationsquote zunimmt. Die Unterkonsumtionstheorie böte aber nur dann eine Erklärung für Stockung und Krise, wenn sich erweisen ließe, daß der Umbruch hervorgerufen wird durch einen Mangel an Absatzmöglichkeiten für Konsumgüter, der dann zurückzuführen wäre auf den Kaufkraftentzug durch Zunahme der Akkumulationsquote.

In einem Aufsatz vom 30. Dezember 1928 stellt in diesem Sinne NAPHTALI fest, die „Depression geht von Konsumgüterindustrien aus“ und er stützt sich dabei auf die Beobachtung, daß der Umbruch der Konjunktur des Jahres 1927, beobachtet an der Arbeitslosenstatistik, zuerst einsetzte bei der Konsumgutindustrie. Dazu ist zu sagen, daß natürlich sich aus der Beobachtung einer einzigen Konjunktur und deren äußeren Erscheinungsformen kein allgemein gültiger Schluß ziehen läßt, vielmehr allenfalls der gleichmäßige Ablauf mehrerer Konjunkturen gewisse Anhaltspunkte für die Scheidung des Typischen und des Einmaligen gibt, denen jedoch auch nur Wahrscheinlichkeitswert beizumessen ist. Dies ist um so bedeutungsvoller, als der Konjunkturforschung sich immer wieder erneut die Schwierigkeit entgegenstellt, die konjunkturelle von der strukturell oder saisonmäßig oder einmalig durch besondere Verhältnisse bedingten Bewegung klar zu trennen[1]. Ohne hier näher auf die Konjunktur des Jahres 1927 eingehen zu wollen, bemerken wir nur, daß es gerade in diesem Falle durchaus möglich wäre, daß neben einem konjunkturellen Aufschwung in der Konsumgutindustrie, der im übrigen bei der Kürze des Anstieges im Jahre 1927 noch nicht einmal wahrscheinlich erscheint, ein Aufschwung dieser Industrien einhergeht, der darin begründet ist, daß 1927 erstmalig gewisse Aufwertungssummen zur Auszahlung gelangten und diese im Einzelfall wohl geringen Beträge, die ja besonders Bedürftigen zugute kamen, in erster Linie die Konsumgutnachfrage gesteigert haben dürften. Hier wäre dann die Erklärung für eine einmalige besonders starke Nachfrageforcierung in der Konsumgutindustrie gefunden, die dann auch einen erheblichen Rückgang der Beschäftigung dieses Produktionszweiges erklären würden, der die an sich schon saisonmäßig bedingte Arbeitslosigkeit verstärken mußte. Die Naphtalischen Ausführungen vermögen daher nicht, die bisher herrschenden Erklärungen der Stockungserscheinung zu entkräften. Am Ende der Hochkonjunktur zeigt der hohe Zins am Geldmarkt an, daß die Masse der Wirtschafter nicht gewillt oder fähig ist, weiterhin ihren Konsum zugunsten der Sparmittelbereitstellung einzuschränken. Nicht weil der Absatz fehlt wird die Ertragsgutproduktion eingestellt, sondern weil die Gesamtwirtschaft die Mittel zum Abwarten der Nutzung weiterer Ertragsanlagen, die Mittel zum Einschlagen weiterer neuer Produktionsumwege bereitzustellen sich weigert. Weil der im steigenden Zins sichtbare Widerstand der Wirtschafter gegen weitere Konsumeinschränkungen zugunsten der Bereitstellung von Kapitaldisposition nun wirksam werden kann, deshalb ergibt sich eine Stockung in der Produktion der Produktionsmittel und der mittelbaren Verbrauchsgüter, deshalb kann in der Folge der Produktionsapparat, dessen Kapazität

[1] Siehe v. ZWIEDINECKS Ausführungen in Erg.-Heft 1 der Vjh. Konjunkturforschg 1927, 2. Jg.

den Höchstforderungen angemessen war, nicht voll ausgenutzt werden. In den Hochkonjunkturen ist bisher nie beobachtet worden, daß das Angebot an Konsumgütern den Bedarf überschritten hätte, vielmehr trat dieser Fall erst als Folge der durch die Minderbeschäftigung in den Produktionsmittelindustrien sich ergebenden Arbeitslosigkeit ein.

Wie würde nun eine stärkere Steigerung des Konsums in der Hochkonjunktur wirken? Es würde zweifellos die Akkumulation eingeschränkt werden, dies hätte jedoch, wie in Kapitel I gezeigt, nicht zur Folge, daß auch die Nachfrage nach Kapitaldisposition zurückgedrängt würde, um dem Angebot angepaßt zu werden. Sind erst einmal größere Mengen Kapitaldisposition in den im Aufbaustadium befindlichen Ertragsanlagen gebunden, so werden diese auch vollends errichtet, die Nachfrage nach Kapitaldisposition läßt sich durch hohen Zins nicht mehr schrecken und vom fertiggestellten dauerhaften Gut kann Halm sagen: „Das fertige dauerhafte Gut schafft sich automatisch, zwangsweise ein genau entsprechendes Angebot von Kapitaldisposition[1]". *Lohnsteigerung zum Zwecke der Konsumsteigerung würde also zwar Beschränkung der Sparkapitalbildung, nicht aber der Realkapitalbildung bedeuten und je mehr, desto intensiver die Entwicklung nicht nur zur Stockung, sondern sogar zur offenen Krise führen,* da die Fertigstellung der Anlagen unter der von der Lohnsteigerung ausgehenden Kostensteigerung und gleichzeitig dadurch bewirkten Zinssteigerung noch größere Opfer und privatwirtschaftliche Verluste mit sich bringen würde, was die in der Stockung eintretende Verwirrung und Unordnung nur steigern müßte und so die volkswirtschaftlich schädlichen Folgen der Stockung vergrößern würde. Dies würde auch die Dauer der Depressionsperiode verlängern, insbesondere, wenn man die psychologischen Hemmnisse, die dem Übergang zum Aufschwung entgegenstehen, bedenkt.

Wäre nun andererseits eine Konsumsteigerung während des Aufschwungs geeignet, eine Stockung in der Produktion der Ertragsgüter und der Güter mittelbaren Verbrauches am Entstehen zu hindern? Dies hätte zur Voraussetzung, daß diese Konsumsteigerung erhöhte Bereitstellung von Kapitaldisposition bewirkte. Die Argumentation, die der Forderung einer Konjunkturstabilisierung mittels Lohnerhöhung bzw. Konsumkaufkraftsteigerung zugrunde liegt, ist wohl folgendermaßen zu denken: Gesteigerte kaufkräftige Nachfrage nach Konsumartikeln gibt den Produzenten der letzteren vermehrte Verfügungsgewalt über Güter in die Hand, die diese zur Erweiterung ihrer Betriebe verwenden. Diese Betriebserweiterung schließt ihrerseits kaufkräftige Nachfrage nach Ertragsgütern in sich. Dieser Absatz der Ertragsgüterindustrien bedeutet dann, daß die bei ihnen in den jetzt abgesetzten Waren gebundenen

[1] Halm: Das Zinsproblem am Kapital- und Geldmarkt. Arch. f. Sozialwissenschaft u. Statistik II, 1926.

Betriebsmittel freigesetzt werden und so die Grundlage für eine neue Produktion bei ihnen und bei den Erzeugern der Güter mittelbaren Verbrauchs gelegt ist.

Es gilt also, den im Konjunkturaufstieg ungeheuer gesteigerten Bedarf nach Ertragsgütern und Gütern mittelbaren Verbrauches, der großenteils aus der Sphäre der Ertragsgutproduktion selbst entstand, in erster Linie als Folge der Vergrößerungen und Verbesserungen der Erzeugungsanlagen (Bergwerke, Walzwerke), zu ersetzen durch einen von der Konsumgutherstellung ausgehenden Bedarf. Nun werden aber Ertragsgüter nicht bei einmaliger Verwendung in einer Produktionsperiode vernutzt. Sie stellen vielmehr, und darauf ergibt sich ja zum guten Teil die Notwendigkeit der Ausstattung der Wirtschaft mit der nötigen Kapitaldispositon (neben der Bereitstellung der Betriebsmittel), ihre Leistung auf lange Zeit dauernd zur Verfügung. Ausrüstung der Massen mit mehr Kaufkraft bedeutet erhöhte Nachfrage, z. B. nach Anzügen, bewirkt also in diesem Fall evtl. eine Vergrößerung des Produktionsapparates der Textilindustrie. Hat nun beispielsweise eine solche um $10^0/_0$ stattgefunden, so ist auf lange Dauer die Textilindustrie in der Lage, einer so vergrößerten Nachfrage nach Bekleidungsgegenständen zu genügen. Mag es nun sein, daß der zukünftig dauernd im Genuß höheren Lohnes stehende Arbeiter jährlich einen erheblich gesteigerten Verschleiß an Bekleidungsgegenständen hat, so würde das — wir müssen das Beispiel auf die gesamte Verbrauchsgutindustrie angewandt denken — nicht genügen, die Produktionsmittel und Material schaffende Industrie vor Stockungen zu bewahren, denn es bedürfte dazu einer fortlaufenden Nachfrage nach Produktionsmitteln von seiten der Konsumgutindustrie, also einer ständigen anhaltenden Erweiterung des Produktionsapparates derselben. SPIETHOFF hat darauf hingewiesen, daß nicht jedesmal, wenn die Bevölkerung eine neue Stiefelausrüstung braucht, die Schuhindustrie auch einen neuen Produktionsapparat benötigt. Die Stockung ließe sich also nur vermeiden, wenn fortlaufend in so großem Maße eine Konsumentwicklung durchzuhalten wäre, daß ständige Kapazitätserweiterung der Konsumgutproduktion notwendig würde. Diese müßte jeweils so groß sein, daß sie die gesamte Erzeugung der im Aufschwung stark erweiterten Erzeugungsanlagen für Güter mittelbaren Verbrauches und für Produktionsmittel, soweit sie bisher nicht von der Konsumgut- sondern von der Produktionsmittelproduktion in weiterem Sinne geäußert wurde, auch noch beanspruchte. An die Möglichkeit einer derartigen ständigen Konsumsteigerung wird kaum jemand glauben.

Ganz abgesehen davon aber würde ja auch zur Durchführung ständiger Kapitalgutproduktion in steigendem Maße eine sich entsprechend verhaltende Sparkapitalbildung erforderlich sein, die bei der notwendigen

Konsumsteigerung nicht zu erwarten ist. Dies übersieht die oben angeführte Argumentation, wenn sie glaubt, daß allein durch Freisetzung der Betriebsmittel die weitere Produktion der Ertragsgüterindustrien gesichert sei.

Vorausgesetzt also, die Stockung rühre von einer Produktionshemmung bei der Erzeugung des Realkapitals her, die dadurch ausgelöst wird, daß die Sparkapitalbildung langsamer forschritt als der Realkapitalherstellung entsprochen hätte, so ist durch eine Beschränkung der ersteren zugunsten der Konsumnachfragevermehrung die Stockung nicht zu beseitigen. Aber es wird ja auch die Richtigkeit dieser Voraussetzung bestritten, indem auf die Elastizität des Wirtschaftskörpers und den Preismechanismus hingewiesen wird, und damit die Annahme eines Mangels an Ergänzungsgütern für Ertragsgüter in der Hochkonjunktur abgelehnt wird. Gewiß, im Übermaß erzeugte Produkte fallen im Preise, im Vergleich zur Nachfrage in zu kleiner Menge angebotene erfahren eine Preissteigerung. Wenn daraus aber das Entstehen der Disproportionalität in unserem Falle als unmöglich bezeichnet werden sollte, so müßte gefragt werden, wann diese Disproportionalität in Erscheinung tritt, wann sie also Preisreaktionen auslösen kann und ob diese dann nicht auch von Erfolg begleitet sind. Die divergierende Entwicklung von Herstellung des Realkapitals und Bildung von Sparkapital kann sich ganz klar erst in dem Augenblick zeigen, in dem das Realkapital so weit fertig gestellt ist, daß es in den Produktionsapparat als Ertragsgut eingestellt wird, in dem Augenblick also, in dem der Kapitalmarkt die Mittel des Geldmarktes, die bei der technischen Produktion gebunden wurden, ablöst. Erst in diesem Augenblick, an dem gewöhnlich das Aufschwungsende zu verzeichnen ist, an dem die gleichzeitige Fertigstellung vieler neuer Anlagen den Kapitalmarkt in Anspruch nimmt, kann der Preismechanismus die Disproportionalität der Produktion anzeigen. — Wenn dies nicht durch Erhöhung des *Kapital*zinses geschieht, so findet das seinen Grund in den verschiedenartigen Verhältnissen am Geld- und Kapitalmarkt, die den ersteren zum „Torwächter“ des letzteren machen und die Reaktionen daher auf den Geldmarktzins beschränken. — Schon vorher aber gehen von der Preissteigerung Warnungssignale aus. Warum es nicht möglich ist, mittels des Zinspreises im Anfangsstadium des Aufschwunges bereits die Kapitalgutproduktion, das Einschlagen neuer Produktionsumwege zu stoppen, zeigten wir im ersten Kapitel, indem wir dazu auch betonten, daß der Aufschwung in späteren Stadien von Preissteigerungen sowohl für Materialien, wie für Kapitaldisposition, auch für Arbeitskraft begleitet ist, also hemmende Kräfte wohl in Erscheinung treten. Wir betonten aber ebenfalls, daß diese Erscheinung zwar die Inangriffnahme weiterer neuer Unternehmungen hemmt, für die zu diesem Zeitpunkt sowieso die Vorbedingungen fehlen, aber die Beendigung der begonnenen nicht mehr aufzuhalten vermag. In dem Zeitpunkt also, in dem der Preismechanismus reagiert und frühestens reagieren kann, hat die Wirtschaft die von LEDERER ins Treffen geführte Elastizität verloren, ist sie nicht mehr reaktionsfähig bis zu dem Zeitpunkt, in dem die einmal begonnenen Produktionsumwege zu Ende geführt sind und es sich darum handelt, neue in die Wege zu leiten. Wäre es möglich, während des Aufschwunges auf steigende Preise zu reagieren durch Rückgängigmachung der erfolgten Bindung der Produktivkräfte bzw. nachträgliche Umgruppierung derselben zu anderer Verwendung, so könnte eine kaufkräftige Konsumnachfragesteigerung, d. h. *Beschränkung der Akkumulation* mittels Konsumsteigerung, vielleicht zur Vermeidung der Stockung führen. Da aber, wie immer wieder betont werden muß, durch Verknappung der Sparkapitalbildung im Verlaufe des Aufschwunges eine Eindämmung der Realkapitalherstellung mangels oben erwähnter Umgruppierungsmöglichkeiten nicht mehr zu erreichen ist, können die Stockungen auf diesem Wege nicht beseitigt werden. Es handelt sich eben nicht um fehlende Nachfrage, sondern um fehlende Mittel.

Der Hochschwung ist gekennzeichnet durch einen Mangel an kurzfristiger Kapitaldisposition, der entstand durch erzwungenes Eintreten des Geldmarktes für den Kapitalmarkt. Das Fehlen kurzfristiger Kapitaldisposition bedeutet aber ein geringeres Verfügenkönnen über Güter für kurze Zeit, weil zuviel über Güter für lange Zeit verfügt wurde, d. h. zur Produktion von festem Realkapital. Ein Mangel an Ergänzungsgütern zu diesem letzteren besteht nun. Der Mangel an kurzfristiger Kapitaldisposition bewirkt Ansteigen des Geldmarktzinses, das nun den Beginn neuer technischer Produktionen weitgehend verhindert. Hier also erst kann die Preisreaktion wirksam werden. Worauf es also bei der Bekämpfung der Stockung ankäme wäre die Verfügung über Güter auf kurze oder lange Dauer so zu ordnen, daß eine stete Entsprechung zwischen Sparkapitalbildung und Realkapitalerzeugung gegeben wäre. In gewissem Sinne wird die Bankpolitik hier regelnd eingreifen können, aber nur mit rechtzeitig vorbeugenden Maßnahmen.

Wenn die Heraufsetzung der Löhne während des Konjunkturanstieges kein Mittel bietet, die Konjunktur zu stabilisieren bzw. die Stockung zu verhindern, so könnte man noch die Frage aufwerfen, ob nicht etwa Lohnerhöhungen in einem früheren Zeitpunkt während der Depression zum Ziele führen würden, indem verhindert würde, daß zu viel Produktionsumwege als Folge zu niederen Zinses eingeschlagen würden. Abgesehen davon, daß diese Maßnahme den Übergang von Depression zum Aufschwung nur erschweren und verzögern würde, wäre damit immer noch nicht Übereinstimmung der Realkapitalproduktion und Sparkapitalbereitstellung gesichert, da ja durch die Lohn erhöhungen nicht nur erstere, sondern ebenso die letztere beschränkt werden würde. Sparen ist weitgehend eine Angelegenheit der Wirtschafter in ihrer Eigenschaft als Konsumenten. Realkapital erzeugen ist Sache der Produzenten und wenn wir glauben gezeigt zu haben, daß die letzteren im großen gesehen sich an die Wünsche der Produzenten bei Bestimmung der Produktionsrichtung halten, so zeigten wir doch auch soeben die hemmenden Kräfte auf, die eine genaue Anpassung der Produktion an den Konsumentenwillen zu Zeiten verhindern. Im Aufschwung wird mehr Realkapital produziert als den Wünschen der Konsumenten entspricht, was sich darin äußert, daß „erzwungenes Sparen" die Beendigung der begonnenen Produktionsumwege ermöglichen muß. Erklärt werden mußte diese Erscheinung mit der Unmöglichkeit, bei Beginnen eines Produktionsprozesses die ganze zu seiner Durchführung erforderliche Kapitaldisposition dem Kreditmarkt auf einmal zu entziehen, und so eine entsprechende Zinspreisbestimmung durch Angebot und Nachfrage zu ermöglichen. Hier liegt die Grundlage zur Überschätzung der Sparmittel, die in Zukunft bereit stehen werden, um so mehr, als die Sparmittel eines längeren Zeitraumes sich am Ende der Depression angehäuft haben. Setzte man in der Depression die Löhne herauf, so könnte man bewirken, daß nur weniger gespart werden könnte, der Zins nicht so sehr fallen würde und daher der Optimismus der Unternehmer, der dem Aufschwung zugrunde liegt, geringer wäre. Der Aufschwung würde dann kleinere Ausmaße annehmen, die Sparkapitalbildung wäre aber auch durch die höheren und im Aufschwung steigenden Löhne gehemmt, die Voraussetzungen für die im Hochschwung in Erscheinung tretende Diskrepanz zwischen Sparmittelbereitstellung und Realkapitalerzeugung wären bestehen geblieben; die Frage aber, ob denn nicht eine Beschränkung des Aufschwunges hinsichtlich seiner Ausmaße begrüßenswert sei, da dann auch nur eine Stockung geringeren Ausmaßes zu erwarten wäre, glauben wir deshalb ablehnend beantworten zu müssen, weil damit zugleich der Fortschrittsgrad der Wirtschaft durch künstliche Eingriffe in der Depressionszeit herabgesetzt würde. Es bedeutete dies, daß eine willkürliche Beeinflussung der Wirtschaftsentwicklung gutgeheißen würde und es ist allerdings denkbar, daß die Politik eine derartige Einwirkung für richtig hielte, die Sozialökonomie muß sich aber dann darauf beschränken anzugeben, wohin wirtschaftlich gesehen, die entsprechenden Maßnahmen führen. Wer aber den Fortschritt will, wird in jeder sich der Produktionsumwege bedienenden Wirtschaft, also nicht allein in der privatkapitalistischen, mit einer von Stockungen unterbrochenen Aufwärtsentwicklung zu rechnen haben, ohne diese durch willkürliche Änderung der Einkommensverteilung vermeiden zu können.

Zusammenfassung Kapitel III, 1. Abschnitt.

Der Bedarf ist der Maßstab der Produktion auch in jeder kapitalistischen Verkehrswirtschaft, denn Kaufkraft wird nur zur Befriedigung eines Bedarfes hingegeben und der Produzent ist auf Tausch seiner Produkte gegen Kaufkraft angewiesen. Es gibt keine Wirtschaftsform, in der ein jeder unbeschränkt auf Bedarfsbefriedigung rechnen könnte, immer wird eine Beschränkung in Form einer Wertung der Bedürfnisse notwendig sein, und die Hingabe von Kaufkraft, die zur Einschränkung des zur Geltung gelangenden Bedarfs gefordert wird, ist nichts anderes als ein Wertungsvorgang, der Leistung und Bedarfsbefriedigung in Übereinstimmung hält. Freilich muß die Verteilung der Kaufkraft besondere Bedeutung für die Lenkung der Produktion haben, aber niemals werden die Arbeiter in den vollen Genuß des Produktionsertrages gelangen können. Die Behauptung jedoch, daß die Besitzenden einen immer größeren Prozentsatz des Produktionsertrages ihr eigen nennen, ist nicht nur nicht erwiesen, es ist vielmehr theoretisch wie auch auf empirischem Wege ihre Unrichtigkeit zu beweisen. Aber auch die Annahme, daß der Sparwille der Reichen und Besitzenden diese zu unzeitgemäßem Sparen veranlasse ist verkehrt, denn gespart werden kann nie zu viel, nur relativ zu wenig, wie dies ja auch tatsächlich den Grund für die Entstehung der Stockung bietet. Sparkapitalbildung bedeutet Ankurbelung der Wirtschaft und Ausdehnung auch der Konsumkraft. Eine künstliche Steigerung des Konsums aber während des Konjunkturanstieges hätte keineswegs Stabilisierung der Konjunktur zur Folge, weil ja die Annahme, die Stockung entstehe aus Überfluß an Konsumgütern infolge Absatzmangels, für diese nicht zutrifft. Die Realkapitalbildung ist zu rasch vor sich gegangen, aber nicht, weil zu viel akkumuliert wurde, sondern obwohl weniger Sparkapital gebildet wurde als für eine solche Realkapitalerzeugung notwendig wäre. Der Grund liegt in besonderen Verhältnissen auf dem Kreditmarkt im Anfangsstadium des Anstieges und in gewissen Eigenarten der Kapitalgutproduktion.

Zweiter Abschnitt.

Die allgemeine Bedeutung von Lohnerhöhungen für die wirtschaftliche Entwicklung.

Wir wollen uns im folgenden der üblichen Einteilungsweise bei Betrachtung des Problems „hohe Löhne und die Volkswirtschaft“ anschließen, uns also zunächst fragen, welche Folgen sich aus Lohnerhöhungen auf der Seite des Konsums ergeben und uns erst dann der Wirkung auf die Produktion zuwenden. — Durch Lohnerhöhungen wird die Arbeiterschaft nachfragekräftiger. Mit dem ihr so zuwachsenden Mehr an Kaufkraft kann sie entweder sich dem Konsum oder aber auch der

Akkumulation zuwenden. Die Akkumulation aus Arbeiterkreisen dürfen wir aber bei unseren Betrachtungen wohl außer Acht lassen. Die Behandlung dieser Erscheinung scheint uns deshalb hier weniger wichtig, weil es sich dabei zunächst nur um eine soziologische Verschiebung der kapitalbereitstellenden Personenkreise handelt, das Kapital aber weiterhin aus der eigenen Volkswirtschaft genommen wird und die gleiche Kapitalkraft erhalten bleibt. Die Einbeziehung dieser Frage in unsere Untersuchung würde eine sehr eingehende Betrachtung über die Bedürfnissättigung unserer Arbeiterschaft wie auch ihrem Erziehungsstande mehr oder weniger entsprechenden psychologischen Einstellung gegenüber der Vorsorge für die Zukunft notwendig machen, die im Rahmen dieser Abhandlung nicht am Platze wäre. Die Frage kann deshalb um so mehr außer Betracht bleiben, weil wir hier den von der lohnbetonten Entwicklungstheorie im großen vorgezeichneten Linien folgen und uns mit ihren Argumenten kritisch auseinandersetzen wollen, diese Theorie aber die vorliegende Frage ebenfalls außer Acht läßt.

Wir unterstellen also, daß die Lohnsteigerung zu gesteigerter konsumtiver Nachfrage von seiten der Arbeiterschaft führt. Die Frage, auf welche Gütergruppen sich diese verstärkte Nachfrage nun richten wird, ist natürlich verschieden zu beantworten je nach dem verschiedenen Sättigungsgrad der Bedürfnisse des einzelnen Arbeiters. Wenn aber, wie von Gewerkschaftsseite heute immer wieder betont wird, weite Arbeiterkreise mit ihrem Einkommen an der Grenze des Existenzminimums stehen, — der Begriff des Existenzminimums soll hier nicht weiter erörtert werden — so dürfen wir annehmen, daß das Kaufkraftmehr in Händen der Arbeiterschaft wenigstens zu einem Teile sich in Nachfragen nach landwirtschaftlichen Produkten, vielleicht in der Hauptsache nach Fleisch, auch wohl Butter und Eiern, äußern wird. Sofern dieser gesteigerte Bedarf durch inländische Produktion gedeckt werden soll, wird dies bei gleichbleibender Technik zu einer Preissteigerung für die betreffenden landwirtschaftlichen Erzeugnisse führen. Es wird also die Zahl der zu liefernden Produkteinheiten nicht im genauen Verhältnis zur Zunahme des nachfolgenden Lohnes stehen, sondern zum Teil infolge der Preiserhöhung einfach Übertragung von Kaufkraft von den übrigen Schichten auf die landwirtschaftliche Bevölkerung stattfinden, die diese wiederum instand setzt, größere Nachfrage nach industriellen Produkten auszuüben. Die Lohnerhöhung hätte also eine Anregung unserer Produktion zur Folge.

Richtet sich die Nachfrage auf industrielle Güter, so wird zunächst an die gesamte Bekleidungsindustrie zu denken sein und vielleicht auch an den Wohnungsbedarf. Wir wollen ruhig annehmen, beweisen ließen sich die hier herrschenden Tendenzen nur auf Grund umfassender statistischer Erhebungen, daß die bei MASSAR sogenannten Bedarfsgüter sich einer gesteigerten Nachfrage erfreuen dürften, was wir um so eher können, als auch der Bedarf nach Zigaretten, nach Motorrädern, also nach an der labilen Grenze zwischen Luxus- und Bedarfsgütern der Arbeiterschaft stehenden Gütern annähernd ähnliche Bedingungen für die Fortführung unserer Untersuchung schafft. Es wird nämlich behauptet, die Nachfragesteigerung der Arbeiterschaft begünstige gerade diejenigen Wirtschaftszweige, in denen Massenproduktion üblich und möglich sei, in denen also in besonders hohem Ausmaße die Mechanisierung des Betriebes durchgeführt werden könne. Die kapitalistische Eigenart dieser Produktionszweige, die besondere Möglichkeit, durch Einschlagung von Produktionsumwegen, welche das Vorhandensein von Kapitaldisposition voraussetzt, eine Verbilligung der Produktion herbeizuführen, wird hier benutzt, um eine Steigerung des Arbeiterkonsums als die Entwicklung der Volkswirtschaft fördernd nachzuweisen.

§ 1. Verschiebung innerhalb des Konsums als Folge von Lohnerhöhungen.

Die gesamte Einkommensumme der Arbeiterschaft bildet den Anteil derselben am volkswirtschaftlichen Ertrage. *Ist also diese Einkommenssumme gestiegen, so muß entweder auch der Gesamtertrag zugenommen oder der Anteil anderer Einkommenschichten an demselben abgenommen haben.* Ist eine Lohnerhöhung erfolgt im prozentualen Ausmaße der Gesamtertragssteigerung, so ergibt sich innerhalb des Konsums keine verhältnismäßige Veränderung. Sind jedoch die Anteile anderer Schichten gekürzt worden, so liegt die Vermutung nahe, daß diese Wirtschafter ihren Bedarf einschränken würden und zwar an der am wenigsten empfindlichen Stelle ihres Verbrauchswirtschaftsplanes Abstriche machen werden, bei den Luxusausgaben. Ganz abgesehen davon, daß die prozentuale Bedeutung des Bedarfes der Besitzenden, also der Luxusgüter nachfragenden, im Rahmen des Gesamtkonsums eine völlig untergeordnete Rolle spielt, ist diese Folgerung falsch. Die Empfänger großer Einkommen, um die es sich hier im ganzen nur handeln kann, da die mittleren Einkommensschichten als Luxusnachfrager doch nur wenig in Frage kommen, verwenden einen gewöhnlich erheblichen Teil ihrer Einkünfte nicht für Konsumzwecke, sondern zur Akkumulation. Wenn nun die Einkünfte zurückgehen, so wird ganz der Annahme entsprechend, daß immer der am wenigsten unangenehme Ausfall gewählt werden wird, der Abstrich nicht bei dem Teil der Ausgaben gemacht werden, der der unmittelbaren Bedarfsbefriedigung dient, sondern beim Posten Akkumulation. — Bei den Besitzern mittleren Einkommens, den kleineren Unternehmern, könnte eine einmalige Lohnsteigerung freilich zur Konsumeinschränkung führen, da bei diesen das Akkumulationsbedürfnis eng mit dem eigenen Geschäft verflochten ist. Wir müssen aber hier die Frage, wie Lohnerhöhungen sich auswirken, auf lange Sicht behandeln und müssen mit mehrfachen, allerdings in gewissen Zeitabständen aufeinanderfolgenden Lohnerhöhungen rechnen (da wir ja die Lohnerhöhung als ein entwicklungsförderndes Moment betrachten), die schließlich nicht mehr durch weitere Konsumeinschränkung beim mittleren Unternehmer getragen werden können. — Eine Einschränkung des Luxuskonsums ist deshalb von der angenommenen Einkommensverschiebung kaum zu erwarten. Wenn aber beim Bedarfskonsum sich eine Steigerung ergibt, ohne daß Posten anderer Konsumgruppen sich verändern, so wird also eine Gesamtkonsumsteigerung eintreten müssen, die allerdings auch eine geringe Verschiebung im Verhältnis Luxuskonsum zum Bedarfskonsum zugunsten des letzteren ergeben wird. Wenn wir also die Tendenz nicht leugnen wollen, die von einer Lohnerhöhung hinsichtlich der Nachfrageorientierung ausgelöst wird, so müssen wir doch betonen, daß wir ihr mengenmäßig wenig Bedeutung beimessen, hingegen die Feststellung, daß der Gesamtkonsum zunimmt, für beachtlich halten. Von der Zunahme der Gesamtnachfrage nach Konsumgütern geht zunächst, wenn wir nicht annehmen, daß außergewöhnliche Lagervorräte oder wenigstens ungenutzte Produktionsmittel und Materialvorräte vorhanden sind, eine Preissteigerung der Produkte aus, durch die Anregung zur Produktionsausweitung gegeben wird, die zweifellos dann für die volkswirtschaftliche Entwicklung von Vorteil ist, wenn sie volle Ausnutzung der Produktivkräfte zur Folge hat. Darüber hinaus ist aber Voraussetzung einer solchen Produktionssteigerung, daß die notwendigen Produktionsmittel in genügendem Ausmaß zur Verfügung stehen.

Woher soll nun die Kaufkraft genommen werden, die die Arbeiter befähigt, ihren Konsum zu erweitern? Wir sahen schon, daß eine Kompensation durch Beschränkung der von seiten der Unternehmer und Kapitalisten konsumtiv verwandten Kaufkraft nicht in Frage kommt. Nun führt Massar zwei weitere Möglichkeiten an:

Erstens: Direkte Abwälzung, d. h. der Unternehmer erhöht die Produktpreise im Ausmaß der durch die Lohnerhöhung entstandenen Kostensteigerung.

Zweitens: Indirekte Abwälzung, worunter folgendes zu verstehen ist: Wenn ein Betrieb eine Rationalisierung durchgeführt hat, so wird eine Kostensenkung die Folge sein. Statt daß diese nun entweder in Form erhöhter Gewinne der volkswirtschaftlichen Kapitalbildung oder aber in Form von Preissenkung den Konsumenten direkt zugute kommt, soll das Mehrerträgnis den Arbeitern in Form höherer Löhne ausgezahlt werden. Der richtige Preis für das Produkt wäre also ein niedrigerer, aber die Kostensenkung an einer Stelle wird sofort künstlich durch Kostenerhöhung an einer anderen aufgehoben.

Eine Preiserhöhung ist, wie MASSAR selbst sagt, nur möglich bei Industrien, die sich in einer gewissen Monopolstellung befinden: „Günstig liegen die Verhältnisse nur für natürliche und mächtige internationale künstliche Monopole[1].“ Damit nimmt er der von ihm unter 1. aufgeführten Möglichkeit direkter Abwälzung der Lohnerhöhung ihre Bedeutung, und wir schließen uns dieser Auffassung vollkommen an. Es ist bemerkenswert, daß gerade von dieser Seite betont wird, daß die Macht der Preisbestimmung auch bei Kartellen und Trusts sehr beschränkt ist, da ja auch hier das Konkurrenzprinzip keineswegs aufgehoben ist. Ganz abgesehen von dem Optimalpunkt, der der Preissteigerung hier eine Grenze setzt, und von der Konkurrenz des Auslandes, die durch Zollschutz fernzuhalten wäre, besteht ständig die Gefahr der Konkurrenz durch Außenseiter, sobald die Monopolinhaber zu hohe Gewinne machen, und ebenso besteht die Gefahr der Substitution durch Surrogate oder für diesen Zweck völlig neue Bedarfsdeckungsmittel. — Die Frage, ob die Preiserhöhung Nachfragerückgang für das betreffende Produkt zur Folge hat, ist natürlich verschieden je nach dem in Frage stehenden Produktionszweig zu beantworten. Zu bezweifeln ist aber, ob in der Tat eine Preisheraufsetzung für Luxusgüter die Nachfragerkreise, die mit den von uns schon erwähnten Empfängern größerer Einkommen identisch sind, zur Einschränkung ihres diesbezüglichen Bedarfs veranlassen würde. Auch hier käme es wohl wieder auf eine Beschneidung der Akkumulationsrate hinaus. Anders verhält es sich, wenn die Lohnerhöhung mit Abwälzung nicht in einer Luxusindustrie stattfindet, sondern die Preise von bedarfsgüterproduzierenden Industrien steigen. MASSAR weist darauf hin, daß auch für die Arbeiter der lohnerhöhenden Betriebe dann noch eine erhebliche Reallohnerhöhung zu verzeichnen sei, wenn das preisgesteigerte Produkt zu den Massenbedarfsartikeln gehört. Nehmen wir an, die gesamte Textilindustrie erhöhe gezwungenermaßen ihre Löhne und dann die Preise ihrer Produkte, so wird in allen Haushaltungen (ausgenommen der oberen Einkommensklassen) der Bedarf nach Textilien oder aber an seiner Stelle ein anderer Bedarfsposten eingeschränkt werden müssen. Die Preiserhöhung wird also von der Gesamtheit dieser Wirtschafter getragen, während die Lohnerhöhung nur einem kleinen Kreis derselben zugute kommt. Nun reicht aber heutzutage das Einkommen nicht nur der Arbeiterschaft, sondern ebenso der Angestellten- und Beamtenkreise wie der in sogenannten freien Berufen Stehenden, also der großen Mehrzahl der Wirtschafter nur zur Nachfrage nach Bedarfsgütern[2], nicht nach

[1] MASSAR: S. 27.

[2] Hier wäre auch an die Frage zu denken, inwieweit verschiedene Berufe, verschiedene soziale Schichtung zu verschiedener Beurteilung dessen, was als Bedarfs- oder als Luxusgut anzusehen ist, berechtigen. Auf S. 98 sprechen wir von der la-

Luxusgütern, aus. Es wird also bei den von der Preiserhöhung Betroffenen eine Einschränkung der Bedarfsgüternachfrage eintreten, sei es nun, daß sie das preisgesteigerte Gut weniger nachfragen, sei es, daß statt an dieser an einer anderen Stelle des Verbrauchswirtschaftsplanes Abstriche gemacht werden müssen. An Stelle dieses Nachfrageausfalles tritt dann die Nachfragezunahme der höher entlohnten Arbeiter. Wir können uns also der Argumentation MASSARS, die im übrigen auch stark mit Vorbehalten gegeben ist, nicht anschließen. Durch die direkte Abwälzung wird sich keine wesentliche Verschiebung innerhalb des Konsums zugunsten des Bedarfsgutes ergeben, es erfolgt vielmehr eine Änderung hinsichtlich des Personenkreises der Nachfrage.

Weit mehr Möglichkeiten scheinen in der indirekten Abwälzung zu liegen. Eine Produktivitätssteigerung, sei sie erreicht durch Verwendung besserer Maschinen, durch organisatorische Änderung oder wie auch sonst,

---

bilen Grenze zwischen Luxus- und Bedarfsgütern der Arbeiter, um damit der Tatsache Ausdruck zu geben, daß die Frage, ob die Befriedigung gewisser Bedürfnisse als Luxus anzusehen ist, von ein und demselben Menschen unter verschiedenen gegebenen Umständen verschieden beantwortet werden wird. Daß eine junge Arbeiterin seidene Strümpfe trägt, hätte man vor 20 Jahren wohl als Luxus bezeichnet, heute dürfte anders entschieden werden. Der Begriff Luxus ist auf einzelne Bedürfnisse angewandt etwas sehr Wandelbares, und wir wollen auch hier nicht den Versuch machen, eine Definition zu geben. Es ist jedoch nötig, das, was im MASSARschen Sinne im Rahmen seiner Argumentation als Luxus bezeichnet wird, näher zu umgrenzen. MASSAR will wohl ebensowenig wie wir ein Werturteil über Bedürfnisse fällen, wenn er sagt, der Luxuskonsum der Besitzenden müsse bei Lohnerhöhungen dem Bedarfskonsum der Arbeiter weichen, und *darin liege ein Fortschritt.* Er spricht ja von volks*wirtschaftlichen* Fortschritten und will sagen, daß die durchschnittliche Produktivität der Gesamtproduktion der Volkswirtschaft — also Gesamtertrag gemessen an der Summe der Arbeitsleistungen — steigen müsse, wenn die Luxusgutproduktion eingeschränkt werde, da in dieser einmal nur eine geringe Mechanisierung möglich sei als in anderen Produktionen und hier stete Umstellungen, z. B. auf Grund eines Modeumschlages, häufiger einen Wechsel des Produktionsapparates, ein Außerbetriebsetzen gewisser Produktionsmittel, eine Umstellung in den Betrieben, notwendig seien. (Wir wollen hier die Frage, ob man wirklich immer von einem Fortschritt der Gesamtwirtschaftsentwicklung sprechen kann, wenn nur der Ertrag der Einzelleistung mengenmäßig gestiegen ist, also von der Art der mehrbefriedigten Bedürfnisse abgesehen wird, außer acht lassen.) Damit hat MASSAR selbst schon eine Grenze für den in seiner Arbeit in Frage kommenden Begriff des Luxus gezogen, diejenige Produktion gilt hier als Luxusproduktion, die erstens viel Handarbeit, ein starkes Überwiegen der Quote derselben in der Kombination Arbeit und Kapital erfordert, und die zweitens eine nur relativ kurze Ausnutzungsdauer des Produktionsapparates und häufige Umstellungen desselben mit sich bringt. Indem MASSAR nun annimmt, daß diese Produktionen ihren Absatz nicht in Arbeiterkreisen fänden, zieht er eine zweite Grenze für seinen Luxusbegriff. Gewiß kann man im MASSARschen Sinne bei solch enger Begrenzung des Begriffes Luxusproduktion davon sprechen, daß, wenn Lohnerhöhungen mit einem Rückgang der Luxusproduktion und infolge der Kaufkraftzunahme der Massen mit einer Steigerung der Bedarfsgutproduktion verbunden sind, dies einer Förderung des Wirtschaftsfortschrittes gleichkomme. Aber wir sehen, daß dieser MASSARsche Luxus doch so eng begrenzt ist, daß er mengenmäßig im Rahmen der Gesamtproduktion kaum eine Rolle spielt. Und darüber hinaus gilt auch für die Beschränkung desselben als Folge von Gewinnrückgängen alles, was wir bisher gesagt haben.

pflegt zur Preissenkung zu führen und über diese zu einer Erhöhung der Absatzziffer. Diese Möglichkeit, einen größeren Absatz durch Preissenkung zu erreichen, ist in der Konkurrenzwirtschaft ein wesentlicher Antrieb für den Unternehmer ständig nach Verbesserungsmöglichkeiten in seinen Betrieben zu suchen. Die Preissenkung ist ein Mittel der Markterhaltung und Markterweiterung, ein Mittel, die Gewinne auf dem bisherigen Stand zu erhalten oder sie zu verbessern. Wirkt eine Gewinnerhöhung sich nicht direkt in einer Preissenkung des betreffenden Produktes aus, so findet der gemachte Mehrgewinn entweder weiterhin Anlage in diesem Unternehmen, dies aber nur dann, wenn die erneute Investierung auch eine entsprechende Verzinsung verspricht, also der Gewinn absolut steigt. Auf die Dauer wird sich das aber nicht fortsetzen lassen, wenn nicht die abgesetzte Produktmenge auch steigt, und es kommt so ein Augenblick, an dem der Unternehmer seinen Gewinn im eigenen Betriebe nur mehr investieren kann, wenn eine Erweiterungsmöglichkeit durch Absatzsteigerung gegeben ist. Dies kann erreicht sein durch Verbesserung der Qualität des Produktes oder aber, was häufiger der Fall sein wird, durch Preissenkung. Die Preissenkung sowohl wie die Qualitätsverbesserung bedeuten eine Erhöhung der Realkaufkraft der Konsumenten.

Noch eine Möglichkeit hat der Unternehmer, er kann den Gewinn statt ihn dem eigenen Unternehmen zu investieren, anderen Unternehmern als Leihkapital zur Verfügung stellen. Auch hier wird er — wirtschaftlich richtig verwandt — zu Preissenkungen irgendeines Produktes, zur Verbesserung der Bedarfsdeckung der Volkswirtschaft führen.

Als dritte Möglichkeit bleibt, daß der Unternehmer den gemachten Gewinn verzehrt. Dies letztere scheint, wo es sich um einen größeren Unternehmer handelt, unmöglich, da ja eine gewisse Grenze auch für den Verbrauch der ,,Reichen" besteht, deren Konsumtionsvermögen und — was beim modernen Unternehmer von Wichtigkeit ist — deren Konsumtions*willen* beschränkt ist, nicht sehr wahrscheinlich. Für den Teil des durch Rationalisierung gemachten Mehrgewinnes aber, der konsumiert wird, ergäbe sich, würde er den Unternehmern durch eine Lohnerhöhung genommen, evtl. Konsumverschiebung von Luxusgut zu Bedarfsgut. Die Wahrscheinlichkeit des Gewinnverzehrs scheint uns aber sehr gering. Es würde also eine Umwandlung des Gewinnes in Löhne, Beschränkung der Akkumulation infolge Steigerung des Gesamtkonsums, kaum aber Verschiebung des Luxuskonsums zu Bedarfskonsum sich ergeben. Aber der Gewinn — soweit er nicht im Unternehmen verbleibt —, fließt heutzutage meist nicht in die Hand eines einzelnen großen Unternehmers, sondern wird ausgeschüttet an die vielen Wirtschafter, die als Aktionäre beteiligt sind. Für einen Teil bildet die Dividende sicher die Grundlage ihres Konsums und in diesem Fall mag die Gewinnverkürzung wohl zu einer Einengung des Luxuskonsums führen. Ein großer Teil aber der ausgeschütteten Gewinne, der weitaus größte, dient auch in der Hand des einzelnen Aktionärs weiterer Akkumulation, die bei Rückgang der Dividende eine Einschränkung erfährt.

Die indirekte Abwälzung soll nun darin bestehen, daß die Kostenersparnis, die durch Rationalisierung erzielt wurde, nicht durch Preissenkung der Gesamtheit der Abnehmer zugute kommt, sondern durch Lohnerhöhung der Arbeiterschaft des betreffenden Unternehmens. „An die Stelle der erhöhten Kaufkraft aller zu den Konsumenten des fraglichen Gutes gehörigen Bevölkerungsschichten durch Verbilligung des Produktpreises tritt nun wieder die um denselben Betrag erhöhte Kaufkraft der höher entlohnten Arbeiter[1].“ Hätten sonst die Konsumenten unseres Produktes ihren Bedarf in höherem Maße sättigen können, so ergibt sich dieselbe Möglichkeit nun für die Arbeiter. Es scheint also der gleiche Vorgang, nur mit anderen Personen, ausgelöst zu sein. Man darf aber nun eines nicht übersehen: Der Unternehmer rationalisierte, um Gewinn zu machen. Dieser Erfolg bleibt ihm versagt, weil in dem Augenblick, in dem er eintritt, die Lohnkosten gesteigert werden. Zweifellos wird sein Wille zur Rationalisierung geschwächt. Ein anderes kommt hinzu. Oftmals wird die Rationalisierung nur mit Kapitalaufwand vor sich gegangen sein; zur Verzinsung des neuaufgewandten Kapitals sollte der zu erwartende steigende Gewinn herangezogen werden. Bleibt dieser aus, so wird sich die Lage unseres Unternehmers gegenüber der Zeit vor der Rationalisierung verschlechtern. Dies muß wohl als entschiedene Hemmung der Unternehmerinitiative angesehen werden.

Aber — die Arbeiter haben erhöhte Kaufkraft, werden also irgendwo die Nachfrage steigern, also den Absatz eines anderen Produktes und damit den Gewinn eines anderen Unternehmers heben. Dieser wiederum wird den Gewinn investieren und durch bessere Kapitalausstattung die Produktivität seines Betriebes zu steigern suchen. Die gesteigerte Produktivität soll nun ja aber zum Anlaß für eine Lohnheraufsetzung genommen werden. Es wird also nicht Preissenkung und größerer Absatz die Folge sein, sondern eine Lohnerhöhung. Mit der Lohnerhöhung ist dann die Voraussetzung weiterer Rationalisierung, nicht nur der Wille dazu, sondern auch die Mittel genommen. Bei partieller Lohnerhöhung mögen auch diese Schäden vom Ganzen aus betrachtet noch nicht so offensichtlich zu Störungen führen, wohl aber hört der Wirtschaftsfortschritt auf, wenn eine partielle Lohnerhöhung sich an die andere reiht und so binnen kurzem der Lohn aller Arbeiter erhöht ist, die Rationalisierung aber nicht zu verstärkter Bereitstellung von Kapital-

---

[1] Massar: S. 31.

disposition als Grundlage weiterer Rationalisierungen führt. Der Weg der indirekten Abwälzung bedeutet nicht nur, daß die Arbeiterschaft die übrigen Bevölkerungsschichten von dem Mitgenuß gesteigerter Produktivität ausschließt, er bedeutet auch, und vor allem, Einschränkung der Unternehmergewinne und der Akkumulation. Nachdem also festgestellt war, daß direkte Abwälzung kaum in Frage kommt, bleibt im wesentlichen als Kompensationsmöglichkeit für Lohnerhöhungen die Methode direkter Gewinn- und Akkumulationsbeschränkung durch Aufsaugung der Rationalisierung mittels konsumsteigernder Lohnerhöhung. Im übrigen ergibt sich gerade aus dieser Methode wohl eine Verschiebung innerhalb des Konsums, wahrscheinlich auch durch besondere Bevorzugung einzelner Artikel und Qualitäten, also vielleicht eine Vermehrung der Nachfrage nach massenmäßig hergestellten uniformierten Bedarfsgütern und Qualitäten. Eine Verschiebung im Verhältnis Luxuskonsum zu Bedarfskonsum tritt aber hauptsächlich deshalb ein, weil eben der Gesamtkonsum infolge Zunahme des Massenbedarfsteiles gestiegen ist.

Der „Fall einer allgemeinen Lohnerhöhung mit allgemeiner Abwälzung" bleibt bei Massar außer Betracht, weil „bei der Kompliziertheit unseres Wirtschaftslebens und bei der starken Differenzierung unseres Produktionsapparates" nur partielle Lohnerhöhungen in Frage kämen. Gewiß ist es so, daß nicht am gleichen Tage alle Tarife im deutschen Reich ablaufen und erneuert werden, aber wenn man auch sagen kann, daß z. B. im März 1925 nur etwa 25% der gesamten Löhne erhöht wurde, so muß man hinzufügen, daß im ganzen Jahre 1925 alle Löhne gestiegen sind. (Schon die reinen Tariflöhne.) Betrachtet man also nicht einen Stichtag, sondern einen längeren Zeitabschnitt, der jedoch für den Wirtschaftsablauf noch sehr kurz ist, so kann man wohl nicht leugnen, daß allgemeine Lohnerhöhungen bei uns im Laufe der letzten Jahre das Normale gewesen sind. Es ist dies auch ganz erklärlich; Lohnerhöhungen wurden ja häufig neben anderem damit begründet, daß Arbeiter anderer Gebiete oder anderer Wirtschaftszweige längst mehr Lohn bekämen, und so schloß sich eine Lohnerhöhung an die andere an. Dies rechtfertigt es also, wenn wir auch auf die generelle Lohnerhöhung unser Augenmerk richten. Einen ungefähren Begriff, um welche Summen es sich hierbei handelt, mag eine Notiz über die Lohnbewegungen des Jahres 1927 in der Gewerkschaftszeitung zeigen[1]. „Nach den statistischen Erhebungen des ADGB. führten die ihm angeschlossenen Verbände im Vorjahre 14367 Bewegungen durch, an denen 14932149 Personen beteiligt waren ... Durch die gesamten Bewegungen wurden neben anderen Verbesserungen der Arbeitsbedingungen Lohnerhöhungen im Gesamtbetrage von 22443944 M. *pro Woche* erreicht."

[1] Gewerkschaftszeitung v. 19. Mai 1928.

Da angenommen werden kann, daß im Jahr 1927 alle Arbeiter in den Genuß einer Lohnerhöhung gekommen sind, wird diese Summe, die einer Jahressumme von über 1,1 Milliarden entspricht, von der tatsächlichen Ziffer der Zunahme der Gesamtlohnsumme im Jahre 1927 noch weit übertroffen werden.

Worin unterscheidet sich nun die abgewälzte generelle von der partiellen Lohnerhöhung? Bei der letzteren handelt es sich um Preisheraufsetzung für ein bestimmtes Produkt im Ausmaße der Kostensteigerung, die durch Wachsen des Kontos Lohn im Gesamtkostenkomplex entsteht. Entfallen 20% der Kosten auf Lohn, wird dieser um 5% gesteigert, so steigen doch die Gesamtkosten nur um 1%. Bei einer generellen Lohnerhöhung handelt es sich jedoch nicht um Kostensteigerung des *einen* Produktes in *einem* Produktionsstadium, sondern um Kostensteigerung *aller* Produkte in *allen* Produktionsstadien. Die Kostensteigerung des Endproduktes wird dadurch ganz erheblich größer als bei der partiellen Lohnerhöhung, also auch die nötige Preissteigerung bei direkter Abwälzung. Die Nominallohnerhöhung wird sich auch in viel geringerem Maße in Reallohnerhöhung umsetzen, da nun nicht mehr, wie bei der partiellen Steigerung, eine kleine Gruppe von Wirtschaftern auf Kosten der großen Masse der übrigen ihr Einkommen erhöht, sondern die große Masse nominell eine Einkommenssteigerung herbeiführt. Während bei partieller Lohnerhöhung die kleine Gruppe Arbeiter, die höheres Einkommen erhielt, die daraus entstandenen Mehrkosten der Produktion auf die große Menge der Arbeiter plus der übrigen Einkommensbezieher abwälzte, stehen zur Abwälzung jetzt nur noch die Nichtlohnempfänger zur Verfügung. Es wird daher die Arbeiterschaft den größten Teil der Kostensteigerung selbst zu tragen haben. — Die generelle Lohnerhöhung mit allgemeiner Abwälzung setzt das gesamte Preisniveau herauf. Machte zuvor die Preissteigerung eines einzelnen Produktes sich im Verbrauchswirtschaftsplan des Wirtschafters noch nicht so sehr fühlbar, so sind jetzt alle Posten desselben betroffen. Das gleiche Nominaleinkommen hat in weit größerem Maße an Kaufkraft eingebüßt. Die Arbeiterschaft wird zwar immer noch infolge der nominellen Einkommensteigerung auch eine Kaufkraftzunahme zu verzeichnen haben, da sie ja nicht allein die Preiserhöhung trägt, sondern sich darin mit den übrigen Einkommensbezieher, Beamten, höheren Angestellten, freien Berufen, teilt, deren Kaufkraft ja nun um so mehr zurückgegangen ist[1]. Oft wird sich dieser Weg zur Konsumsteigerung

[1] Alle Klagen der Beamtenschaft, wie auch der Angestellten und insbesondere der in Industrie und Handel tätigen Akademiker müssen solange fruchtlos sein, als die Früchte der Rationalisierungsmaßnahmen, der steigenden Produktivität unter dem Druck der gewerkschaftlichen Macht durch Lohnerhöhungen absorbiert werden. Nur dann werden auch die übrigen Einkommenbezieher aus dem Wachsen des Sozialproduktes Nutzen ziehen, wenn es ihren Organisationen gelingt, die Öffentlichkeit und die heute für die Einkommenverteilung — die ja nicht mehr auf dem

der Arbeiterschaft nicht gehen lassen. Hier gilt natürlich überhaupt in viel stärkerem Maße als bei partieller Lohnerhöhung die schon für diesen Fall bei MASSAR zugegebene Beschränkung, daß Preiserhöhungen überhaupt nur in einzelnen Fällen möglich sind, und nun erst Preiserhöhungen von solcher Bedeutung. Der Unternehmer wird zum wenigsten einen Teil der Mehrkosten als Gewinnausfall buchen müssen.

Wollte man die Möglichkeit der indirekten Abwälzung betrachten, so wird die Bedeutung der generellen Lohnerhöhungen noch viel klarer. Unter indirekter Abwälzung ist ja eine volkswirtschaftliche Abwälzung zu verstehen. Der einzelne Betrieb wurde rationeller gestaltet, und die dadurch entstandene Ertragssteigerung zur Erhöhung der Bezüge der Arbeiter verwandt. Eine generelle Lohnerhöhung verbunden mit indirekter Abwälzung setzte also eine Rationalisierung der Gesamtwirtschaft in solchem Ausmaße voraus, daß aus dem Mehrertrag die Lohnerhöhungen bestritten werden können. Eine solche Ertragsverbesserung setzt erhebliche Kapitalintensivierung, also zuvor Kapitalbildung voraus, wobei insbesondere zu beachten ist, daß es sich bei unserer ganzen Untersuchung nicht darum handelt, die Möglichkeit einmaliger Lohnerhöhung zu erforschen, sondern die Grundlagen stetiger als Ansporn der Wirtschaftsentwicklung zu denkender Konsumsteigerung zu finden.

Unter der Voraussetzung also, daß die Lohnerhöhung indirekt abgewälzt werden kann, findet freilich eine Zunahme des Konsums statt und in diesem Rahmen eine Verschiebung des auf Luxus- bzw. Bedarfsgut entfallenden Verbrauches. Zu bedenken ist jedoch, daß MASSAR und mit ihm die Gewerkschaftstheorie den Vorgang normalerweise umgekehrt denkt, so daß die Lohnerhöhung der Rationalisierung, also der Ertragssteigerung voraufgeht. In diesem Fall werden insbesondere auf Grund der eben erwähnten Notwendigkeit vorheriger Kapitalbildung bei Einsetzen einer Rationalisierung unsere Bedenken gegen die Methode indirekter Lohnabwälzung wachsen, je mehr die Lohnerhöhung einer generellen nahekommt.

§ 2. Sinkende Bedeutung der Lohnkosten.

Wir wollen uns noch gegen einen Vorwurf verwahren, der uns gemacht werden könnte, nämlich, daß wir die Bedeutung der Lohnkosten innerhalb des Gesamtlohnkostenkomplexes überschätzten und damit auch die möglichen von einer Lohnerhöhung ausgehenden Gefahren. Es wird gesagt, früher habe wohl eine Lohnerhöhung erheblichen Ein-

Wege der freien Marktpreisbildung vor sich geht — in Betracht kommenden Stellen davon zu überzeugen, daß auch sie — den Arbeitern gleichberechtigt — einen Anteil am steigenden Ertrag haben und demgemäß beanspruchen können, einen Teil desselben zur Vergrößerung ihres Einkommens verwendet zu sehen.

fluß auf die Größe der Gesamtkosten gehabt, doch habe sich dies im Laufe der Zeiten erheblich geändert. „Die wirtschaftliche und soziale Entwicklung hat nun aber gleich von mehreren Seiten aus unablässig gearbeitet, um den Lohnfaktor aus seiner beherrschenden Stellung im Mittelpunkt aller kalkulatorischen Überlegungen zu vertreiben ...[1]" „Mit dieser Entwicklung mußte sich naturgemäß die Kalkulationsgrundlage für die Gestehungskostenrechnung vollständig verschieben ... Entfallen von den Gestehungskosten irgendeiner Ware 80% auf Arbeitslohn, so senken sich die Kosten um 8%, wenn der Lohn um 10% gekürzt wird. Beträgt der Lohnanteil aber nur noch 20%, so können die Gestehungskosten durch eine 10proz. Lohnreduktion nur noch um 2% sinken[2]." Wollen wir diese Sätze auf die Bedeutung von Lohnerhöhungen für die Höhe der gesamten Gestehungskosten übertragen, so müssten wir sagen, die Frage der Lohnerhöhung ist gar nicht mehr so entscheidend wie früher für die Frage der Gewinngestaltung. Um dies behaupten zu können, muß man erst einmal die Gestehungskosten analysieren und feststellen, ob dem Rückgang bei einem Konto nicht eine Zunahme bei einem anderen gegenübersteht. Der Rückgang der Lohnkosten ist ja nur aus stärkerer Mechanisierung der Betriebe zu erklären, es hat sich das Verhältnis v zu c verschoben. Wenn die Lohnsumme also heute verhältnismäßig geringer geworden ist, so bedeutet das nur, daß an Stelle der Arbeitskraft das Kapital trat, daß die Arbeitskraft besser mit Produktionsmitteln ausgerüstet ist. Also die Kosten für Produktionsmittel haben zugenommen und in diesen stecken nun auch Lohnkosten als Preis für die bei Herstellung derselben mit Kapital und Boden kombinierten Arbeitskraft. Wenn wir also durch den einzelnen Betrieb hindurch auf das volkswirtschaftliche Ganze schauen, so ist uns klar, daß die Zahl der zu bezahlenden Arbeitseinheiten zwar im einzelnen Betriebe, aber nicht im gesamten Wirtschaftsorganismus abgenommen hat. Wenn sich also bei Betrachtung der Produktion ergibt, daß fast überall die Handarbeit durch Maschinenarbeit verdrängt worden ist, — und auf dieser Erkenntnis fußt ja die Begründung, die uns dafür gegeben wird, daß Verschiebung zum Massenkonsum Antrieb der Wirtschaft, Steigerung der Produktivität bringen, der dann aber sofort und mit Recht hinzugesetzt wird, daß die zunehmende Mechanisierung im einzelnen Betrieb noch lange nicht Arbeitslosigkeit der an dem einen Punkt freigesetzten Arbeiter bedeutet; diese vielmehr fänden Verwendung bei der Herstellung der nun vermehrt nachgefragten Produktionsmittel; die Ersetzung je dreier Arbeiter durch eine Maschine bedeutet zwar, daß im einzelnen Betrieb weniger Arbeitsleistung und bei gleichbleibendem Preis je Leistung eine geringere Lohnsumme zu verzeichnen

[1] Tarnow: S. 50.
[2] Tarnow: S. 51.

ist, daß aber hinter den neuen Maschinen nun die freigesetzten Arbeiter stehen, die in die zunehmend beschäftigte Produktionsmittelproduktion abwanderten und deren Lohn nun im Preis der Maschinen von demselben Unternehmer gezahlt werden muß — ist damit gar nichts über die *volkswirtschaftliche* Bedeutung der Löhne gesagt. (Dieser Betrachtung steht die Tatsache, daß vermehrte Mechanisierung Produktivitätssteigerung bewirkt, also Kostensenkung je Produkteinheit keineswegs entgegen, da es sich hier nur um die Frage des Gewichtes der Lohnkosten innerhalb der Gesamtkosten der volkswirtschaftlichen Produktion handelt.) *Also die Lohnkosten spielen die gleiche Rolle wie früher, wenn man nur volkswirtschaftlich und nicht privatwirtschaftlich denkt.*

§ 3. Wirkung der Lohnerhöhung auf die Mittelbereitstellung.

Wenden wir uns nun der Frage zu, welche Vorteile denn überhaupt die von der Lohnerhöhung erwartete Konsumverschiebung haben sollte. Wir sagten schon, die Luxusproduktion erlaubt in geringerem Maße Ersetzung menschlicher Arbeitskraft durch Maschinen und haben auch in unserer Schilderung der Massarschen Lehre verschiedene Argumente dafür angeführt, daß der Massenabsatz eine billigere Produktion ermöglicht. Bei genereller Lohnerhöhung steht jedoch der zunehmenden Mechanisierung die Teuerung auch bei den Produktionsmitteln entgegen. Immerhin wird die Möglichkeit der Massenfabrikation, also die Umlagemöglichkeit der Generalunkosten auf eine größere Zahl Produktionseinheiten wie auch die Möglichkeit Produktionsumwege einzuschlagen, bei der zweifellos bei Massenabsatz leichter zu erreichenden Standardisierung sich verbilligend auswirken können. Je mehr es sich um partielle Lohnerhöhungen handelt, desto vorteilhafter wird die Substitution von Arbeitskraft durch Kapitaldisposition sein. Das bedeutet aber nichts anderes als eine bessere Ausrüstung der Arbeitskraft mit Kapitaldisposition, da ja die ersetzten Arbeitskräfte an anderer Stelle der Produktion wieder Beschäftigung finden. Es ist aber zu bedenken, daß die Vorbedingung für die Substitution von Arbeitskraft durch Kapital die ist, daß das Kapital wenigstens relativ einen niedrigeren Preis fordert als die Arbeitskraft. Der Preis für das Kapital richtet sich nach der relativen Knappheit desselben; nur wenn reichlich Kapitaldisposition zur Verfügung steht, wird auch der Preis für die erhöhte Einstellung von Produktionsmitteln niedrig sein. Die Voraussetzung also für die erwartete Wirkung der Konsumverschiebung liegt in der entsprechenden Bereitstellung von Kapital als Ergänzung der Arbeitskraft. Ankurbelung des Produktionsapparates ist ja immer nur möglich, wenn Produktivkräfte bereitstehen. Das zentrale Problem für die Beantwortung der Frage nach der Wirkung hoher Löhne auf die Wirtschaftsentwicklung liegt also in der anderen Frage, wie denn die Lohnerhöhung ihrerseits die Mittelbereitstellung beeinflußt. Lohnerhöhung bedeutet Verteuerung eines wesentlichen Produktionsfaktors. Wie wird diese sich auswirken?

Der Behauptung, daß die Lohnkostenerhöhung zur Gewinneinschränkung führe, wird entgegengehalten, daß doch die Lohnerhöhungen auch Steigerung des Absatzes der Unternehmungen und in dieser Form Steigerung der Gewinne als Ausgleich für die gestiegenen Kosten bringe. NAPHTHALI weist darauf hin, daß erst Lohnerhöhungen, die über die Preissteigerung hinausgehen, Ausdehnung der Massenproduktion ermöglichen, und MARSCHAK hat aus gleichem Grunde betont, daß nicht nur Gleichbleiben der Quote, die die Arbeiterschaft am Gesamtertrag erhält, zu fordern sei, da Voraussetzung der zunehmenden Mechanisierung, also Produktivitätssteigerung, Verbreiterung der Absatzbasis sei, was durch wachsende Arbeiterquote erreicht wäre.

Wenn allerdings MARSCHAK seine Forderung der Beweglichkeit der Quote damit begründet, daß bei Starrheit derselben im Falle einer Stockung oder eines Rückganges der Wirtschaftsentwicklung die Aufrechterhaltung des Existenzminimums der Arbeiterschaft gefährdet sei, so bedarf das noch einer kurzen Betrachtung. Auf der einen Seite sagt man, der Unternehmer sei nicht fähig — läßt wohl gar oft durchblicken, daß man meint, er sei auch nicht willens —, die Entwicklungsmöglichkeiten der Wirtschaft aufs beste auszunutzen. Man müsse also in dieser Beziehung eine ihn ergänzende Kraft einsetzen. Als solche fordert man die spekulative Lohnerhöhung, behauptet allerdings, der durch dieselbe ausgeübte Druck bedeute auch für den Unternehmer größere Sicherheit — widerspricht sich hier, indem man die Behauptung, die Lohnsteigerung bewirke überlegteres Handeln des Unternehmers, ja nur mit der tatsächlich zutreffenden Risikoerhöhung begründen kann —, da er dann wirtschaftlicher mit mehr Überlegung handeln würde. Hier will man also regulierend in die Wirtschaft eingreifen, will selbst auch beurteilen, wann akkumuliert werden soll und in welchem Ausmaße jeweils, und will zugleich den Zeitpunkt bestimmen, in dem eine Kapitalintensivierung der Produktion zu erfolgen hat. Aber wenn es dann zu Fehlschlägen kommt, will man selbst mit unvermindertem Gewinn aus der Sache herauskommen. Wir haben uns ethischer Urteile zu enthalten und wollen daher nur auf den Widerspruch hinweisen, der darin liegt, daß man einerseits dem Unternehmer einen Teil des Risikos abnimmt — denn wenn man durch gewerkschaftliche oder staatliche Eingriffe durch Einflußnahme auf das Unternehmerhandeln die Wirtschaftsentwicklung selbst anregen will, so bedeutet das doch wohl insoweit Übernahme des Risikos —, indem man selbst einen Teil seiner Aufgaben an sich reißt, und auf der anderen Seite, wenn sich herausstellt, daß die Maßnahmen falsch waren und sich daraus Verluste ergeben, die übrige Bevölkerung diese allein tragen läßt, weil wir ja in einer kapitalistischen Wirtschaft leben, in der eben das Risiko zu tragen Sache des Unternehmers sei. Wenn man experimentieren will und die Forderung der spekulativen Lohnerhöhung läuft ja darauf hinaus, so muß man auch den Mut haben, für den Ausgang des Experimentes voll und ganz einzustehen, also in unserem Fall, wenn die erwartete Ertragssteigerung ausbleibt, den eigenen Konsum dementsprechend einschränken. Und dies um so mehr, als man vom kapitalistischen Unternehmer ja auch verlangt, daß er die Folgen *seiner* Handlungen selbst trage.

Steigende Kaufkraft der Arbeiter soll also zunehmende Rationalisierung der Produktion hervorrufen. Wir kennen zwei Arten von Kaufkraft:

Kaufkraft, hinter der Waren und Dienstleistungen stehen, die also, wie wir im 2. Kapitel betonten, getätigte Leistungen konstatiert. Und

Kaufkraft, die aus dem nichts geschaffen ist, hinter die erst in Zukunft Waren und Dienstleistungen treten sollen.

Nennen wir die erste Art veritable, die zweite zusätzliche Kaufkraft. Erhalten die Arbeiter vermehrte veritable Kaufkraft, so werden ihnen aus dem vorhandenen Sozialprodukt Waren und Dienstleistungen zur Verfügung gestellt, die sonst anderen Wirtschaftern zugekommen wären. Dieser Vorgang liegt denn auch unseren Betrachtungen zugrunde, die die Kompensationsmöglichkeiten für Lohnerhöhungen klarzustellen suchten. Wir kamen zu dem Ergebnis, daß nur zu einem geringen Teil die Arbeiter aus dem schon bereits zur Konsumtion vorbestimmten Fonds an Waren und Diensten höher entlohnt würden, daß sie vielmehr einen Teil derjenigen zugesprochen erhielten, die sonst der Vergrößerung des Produktionsapparates gewidmet würden.

Erhalten die Arbeiter hingegen zusätzliche Kaufkraft, so wird ihnen, und so ist es ja auch gedacht, ein Wechsel auf die Zukunft gegeben, Kaufrechte, für die der Gegenwert, die Waren und Dienste, noch nicht vorhanden ist, Anweisungen auf das Ergebnis erst zukünftig zu tätigender Leistungen. Diese zusätzliche Kaufkraft bewirkt nun also eine Preissteigerung zunächst bei den Konsumgütern und es wird davon die Anregung auf Vergrößerung des Produktionsapparates dieses Erzeugungszweiges ausgehen. Ist erst die Produktion der Nachfrage entsprechend gesteigert, so wird auch der alte Preis wieder Gültigkeit haben, bzw. evtl. sogar ein niedrigerer. Eine Voraussetzung aber besteht für das Gelingen der Aktion, und wir stoßen überall auf sie, daß nämlich die Produktionsmittel zur Ausweitung vorhanden sind, insbesondere genügend Kapitaldisposition zur Verfügung steht. Diese Voraussetzung ist heute wenigstens erfüllt. Die Kapazität unseres Produktionsapparates ist selten voll ausgenutzt — eine Eigenart der kapitalistischen Verkehrswirtschaft —, Arbeitskräfte sind auch zumeist frei, und wenn schon es uns an Kapital fehlen sollte, so leihen wir dieses vom Auslande. Diese Behauptung würden wohl die Vertreter der lohnbetonten Entwicklungstheorie unserer Einschränkung entgegensetzen.

§ 4. Kapitalmangel und Lohnerhöhung?

Tarnow hat vollkommen recht, wenn er sich gegen das törichte Gerede wendet, das die Verhütung der Hereinnahme von Auslandskrediten zum Ziele hat. Es ist auf jeden Fall besser, mit Auslandskrediten unserer Wirtschaft eine Fortentwicklung zu ermöglichen, als bei großem Kapitalmangel auf eine solche zu verzichten. Tarnow meint nun, wir hätten heute eher ein Zuviel an Kapital, es fehle uns höchstens an Geldkapital, womit er wohl kurzfristige Kapitaldisposition meint, an eigentlichen Betriebsmitteln. Das Realkapital sei reichlich vorhanden. Es scheint, daß er ebenso wie Lederer u. a. das Vorhandensein von Maschinen gleichsetzt mit Vorhandensein von Kapital, und dieser falsche Kapitalbegriff ihn zu falschen Forderungen führt. Es nützt einem aber eine alte Maschine, die nicht die Möglichkeit der zweckmäßigsten Kombination gibt, gar nichts, sie ist kein Kapital. Unser Produktionsapparat war nach dem Kriege vollkommen überaltert, und wenn wir da einige Besserung erreicht haben, so verdanken wir das weitgehend hereingeströmten Auslandskapitalien. Die Gewerkschaften sind es heute gerade immer wieder, die darauf hinweisen, daß eine wirtschaftliche Besserung erreicht werden müßte durch Rationalisierung, d. h. dadurch, daß überall eine Bestkombination angestrebt werde. Dies muß dann aber auch bei Betrachtungen über unsere Produktionskapazität in Anschlag gebracht werden. Die Nichtverwendung von Produktionsmitteln zeigt, daß bei gegebener Preiskonstellation diese Produktionsmittel kein Kapital sind, ihre Verwendung unwirtschaftlich wäre. Wenn man der Meinung ist, es sei besser, mit schlechten Produktionsmitteln zu arbeiten, als sie überhaupt ungenutzt zu lassen, so vergißt man, daß das Zuleitung von Produktivkräften zu Produktionen bedeuten würde, die nach dem augenblicklichen Knappheitszustand der Produktionsfaktoren unwirtschaftlich wäre, daß man die so verwendeten Produktivkräfte solchen Produktionen entzöge, die wichtiger sind. Es käme das in seiner volkswirtschaftlichen Auswirkung völlig der der produktiven Erwerbslosenfürsorge gleich, die ja auch die zweckmäßigste Kombination zu stören geeignet ist, indem sie der regulären Wirtschaft Kapitalien für Zwecke entzieht, die durch den Preismechanismus normalerweise von der Befriedigung ausgeschlossen wären, also erst an späterer Stelle der Bedürfnisskala stehen, und so die beschleunigte Beseitigung der Arbeitslosigkeit hemmt statt sie zu fördern.

Es läßt sich nur von Fall zu Fall feststellen, ob irgendwo ein Teil des leistungsfähigen Produktionsapparates zu Unrecht brachliegt, man darf aber nicht die Tatsache vergessen, daß, wie wir im 1. Kapitel gezeigt haben, der Produktionsapparat immer auf ein Höchstmaß an Nachfrage eingestellt sein muß, das aber, wie wir zeigten, zu Zeiten auch mit Hilfe von zusätzlicher Nachfragesteigerung mittels Lohnerhöhung nicht aufrechtzuerhalten ist. Es ist also richtig, daß zeitweise Teile des Produktionsapparates unausgenutzt sind, was aber durchaus nichts gegen die Behauptung sagt, daß ein Kapitalmangel herrsche, daß es an Kapitaldisposition, die ja nicht nur zur technischen Produktion, sondern insbesondere zum Abwarten der Nutzungen langdauernder Güter notwendig ist, was jene Theoretiker immer wieder zu vergessen scheinen, fehlt.

Das untrügliche Zeichen unseres Kapitalmangels ist unser hoher Zinsfuß. Er zeigt an, daß es an Verfügungsvermögen über Mittel zur besseren Ausgestaltung unseres Produktionsapparates fehlt, daß also unsere eigene Kapitalbildung zuzüglich der hereingeflossenen Auslandskapitalien kein schnelleres Tempo der Produktionsmittelbereitstellung erlaubt. Wollen wir jedoch eine bessere Kombination von Arbeit und Kapital im Interesse einer größeren Produktivität herbeiführen, so ergänzen wir unsere eigenen Mittel noch mehr durch solche, die das Ausland uns zur Verfügung stellt. Dies bedeutet, daß wir im Augenblick die Mittel haben, eine bessere Kombination, Arbeit und Kapital, herbeizuführen, die uns also steigenden Ertrag bringt. Diese Ertragszunahme ist in erster Linie zu verwenden, um Zinsen *und Amortisation* ans Ausland zu entrichten. Bei produktiver Verwendung der Auslandskredite müssen sie einen Ertrag bringen, der die ans Ausland zurückzugebenden Kapitalien plus Zinsen übersteigt. Nehmen wir diesen Mehrertrag in Anspruch für Konsumzwecke, so stehen wir, wenn das Auslandskapital vernutzt ist, wieder an unserem Ausgangspunkt. Die Kombination von Arbeit und Kapital soll ständig verbessert werden, d. h. mit jeder Einheit Arbeit soll eine ständig wachsende Zahl von Kapitaleinheiten kombiniert werden. Ist mit Hilfe des Auslandes die vermehrte Bereitstellung von Kapitaleinheiten im ersten Zeitpunkt gelungen, so wird sie uns ein zweites Mal aus eigener Kraft möglich sein, wenn wir den auf Grund der aufgenommenen Kapitalien erzielten Mehrertrag zur Sparkapitalbildung verwendeten. Anderenfalls werden wir wieder auf das Ausland angewiesen sein, was bedeutet, daß zwar die Mittel zur Ertragssteigerung uns zur Verfügung stehen, aber ein erheblicher Teil dieses Ertragszuwachses in Form der ans Ausland zu zahlenden Zins- und Amortisationssummen sowohl unserer Kapitalbildung sowie unserem Konsum entzogen wird. Es leuchtet daher ein, daß, wollen wir wirtschaftlich handeln, wir die Ertragssteigerung auf Grund der erstmaligen Kreditaufnahme nutzen müssen, um in unserer eigenen Kapitalbildung die Vorbedingung für weitere Verbesserungen unseres Produktionsapparates aus eigener Kraft zu legen. Es ist nicht so, wie Tarnow meint: „Innerwirtschaftlich zeigt sich die Veränderung im Besitz des in Anspruch genommenen Kapitals darin, daß die Gesamtwirtschaft früher an deutsche Kapitalisten Renten zu zahlen hatte, die heute ausländischen Kapitalisten zufließen. Für die enteigneten deutschen Kapitalisten ist es gewiß sehr schmerzlich, daß sie ihre Revenuen verloren haben. Aber daß dadurch nun die Lage der Gesamtbevölkerung sich erheblich verschlechtern müßte, ist doch nicht recht einzusehen[1]." Er fügt dem hinzu, daß ein geringer Verlust vielleicht dadurch entstände, daß das Auslandskapital vielleicht etwas höher zu verzinsen sei, also um diese Spanne mehr von der Wirtschaft Zinsen aufzubringen wären. Nein, nicht nur die Spanne zwischen Inlands- und Auslandszins, sondern der gesamte Zinsbetrag geht unserer Wirtschaft verloren, und das bedeutet schon eine wesentliche Hemmung unserer Wirtschaftsentwicklung (die Auslandsschulden des deutschen Volkes betragen Anfang 1929 etwa 14 Milliarden Goldmark). Die Aufnahme von Auslandskrediten ist zwar geboten, wenn die Entwicklung durch großen Kapitalmangel, der nicht aus eigener Kraft zu bewegen ist, gehemmt wird, aber doch nur mit dem Ziel, gerade diesen zu beseitigen und die Wirtschaft auf eigene Füße zu stellen. Je mehr unsere Auslandsschuld anwächst, desto stärker schwillt die Menge der Güter an, die wir alljährlich unserem Produktionsertrag abziehen und dem Ausland zur Verfügung stellen müssen. Es kommt nicht auf einen Personenwechsel hinaus, sondern auf eine Schmälerung des in der eigenen Wirtschaft zu verwendenden Ertrages. Die innerwirtschaftlich wesentliche Folge ist also eine Fortschrittshemmung. Wenn wir also die auf den Auslandskrediten basierende Ertragssteigerung nutzen, um entsprechend mehr zu konsumieren, verbessern wir zwar augenblicklich unsere Bedarfsdeckung, schmälern sie aber in doppelter Weise für die Zukunft, indem wir uns der mit Auslandskapitalien gegebenen Möglichkeiten, aus eigener Kraft den zukünftigen Fortschritt zu bewirken, begeben, und außerdem die Notwendigkeit neuer Anleiheaufnahme mit folgender Zinsabgabe herbeiführen. „Unter der Voraussetzung nun, daß wir so sparsam wie nur möglich konsumieren, gar keine überflüssigen nicht dringend notwendigen Ausgaben machen, unter der weiteren Voraussetzung, daß wir so klug wie nur möglich produzieren, kann bei unserer derzeitigen Lage aus wirtschaftlichen, sozialen und politischen Gründen keine Forderung so dringend sein als die: Alle Türen weit auf für Auslandskapital. Wir können davon, solange unser Zins so unverhältnismäßig hoch ist, nicht genug haben[2]!"

Wenn es also schon richtig ist, daß die Voraussetzung, die wir für zunehmende Mechanisierung des Produktionsapparates als zu erfüllende erwähnten, geschaffen werden kann, so müssen wir sagen, daß diese

[1] Tarnow: Warum arm sein?
[2] Weber: Abhängigkeit der deutschen Volkswirtschaft vom Ausland.

Möglichkeit gerade Beschränkung unseres Verbrauches erfordert, um zunächst die eigene Kapitalbildung wieder in ein gesundes Fahrwasser zu bringen. Nun sagt aber MASSAR und gleich ihm die Gewerkschaftstheorie: Ja, Ihr behauptet zwar, diese Eigenkapitalbildung werde gehemmt durch unsere Lohnforderungen, weil durch diese die Produktionskosten erhöht, Waren und Dienste der Akkumulation entzogen und dem Konsum zugeführt würden, und deshalb sei die Hilfe ausländischer Kapitalien an sich gegebene Fortschrittsmöglichkeit gehemmt und eine Zinssenkung nicht möglich. Wenn nun aber Eure Voraussetzung, daß Lohnsteigerung einer Kostensteigerung gleichkomme, gar nicht gegeben ist, so ist unsere Theorie von der positiven Wirkung hoher Löhne doch richtig. Allerdings, dann ist sie richtig, unbeschadet dessen, was wir von ihr in bezug auf den Einfluß von Lohnsteigerung auf den Konsum sagten. So liegt also der entscheidende Ton in der lohnbetonten Entwicklungstheorie auf der Frage, ob denn Lohnerhöhungen notwendig Kostenerhöhungen zur Folge haben, und MASSAR hat diese auch ausführlich behandelt.

§ 5. Rationalisierung unter Lohndruck.

Zunächst bedeutet Lohnerhöhung gewiß Kostensteigerung, und dieser Umstand gerade soll als Antriebskraft für die Wirtschaft nützlich sein, denn der kapitalistische Unternehmer ist gekennzeichnet durch ein rastloses Streben nach Gewinn, sucht auf alle denkbare Weise seinen Gewinn auszudehnen, ist von unwiderstehlichem Erwerbstrieb beseelt und wird daher, wenn er einer Kostensteigerung auf der einen Seite nicht entgehen kann, nach Ausgleichsmöglichkeiten anderswo suchen. Früher war es ihm ein leichtes, seinen Gewinn durch Lohndruck zu erhöhen. Heute steht dem die Macht der Gewerkschaften entgegen. Wir haben bereits im 3. Kapitel TARNOWS These, daß die Verteilungsfrage in der kapitalistischen Verkehrswirtschaft eine Machtfrage sei, abgelehnt, und müssen betonen, daß allerdings nach dem Kriege die Gewerkschaftsmacht in Verbindung mit einem Schlichtungsapparat, der seine Entscheidungen nicht auf Grund sozialökonomischer Erkenntnisse fällte, den Lohn über seinen wirtschaftlich gegebenen Stand hinauszutreiben vermochte. Dies hat aber mit den Gesetzmäßigkeiten unserer Wirtschaftsform nichts zu tun. Steht der Unternehmer der erzwungenen Lohnerhöhung gegenüber, so wird angenommen, daß die Gewinngefährdung ihn andere Ausgleichsmöglichkeiten ergreifen läßt. Rationellere Ausgestaltung des Unternehmens ist der Weg, auf den ihn die Gewerkschaften verweisen. Die Lohnsteigerung hat nach der Meinung der lohnbetonten Entwicklungstheorie also die Folge, daß die Produktivität und der Gesamtertrag steigen, also der größere Konsum bestritten wird aus dem Zusatz zum bisherigen Ertrag, wobei natürlich sogar ein Teil der Ertragssteigerung auf zunehmende Akkumulation verwandt werden könnte.

Wir begegnen dem Schlagwort Rationalisierung heute überall, und auch in den Geschäftsberichten unserer großen Unternehmungen wurde in den letzten Jahren immer wieder von erfolgreicher Rationalisierung gesprochen, allerdings konnten meist nur technische Erfolge, nicht so sehr auch gewinnmäßige, verbucht werden. Wenn das Wort Rationalisierung eine größere Bedeutung erlangt hat als früher, so liegt das im wesentlichen bei uns daran, daß die ganz selbstverständliche Pflicht des Unternehmers, seinen Betrieb technisch und organisatorisch ständig zu „modernisieren", um so die Bestkombination immer wieder neu herbeizuführen, während des Krieges vernachlässigt und nach dem Kriege bei Wiedereingliederung in die Weltwirtschaft unter erschwerten Verhältnissen das Versäumte wieder nachgeholt werden mußte, und zwar in möglichst kurzer Zeit. An sich also ist Rationalisieren nichts Besonderes, keine Neuerscheinung, aus deren plötzlichem Auftreten sich nun Kapital schlagen ließe. Der Unternehmer erfüllt nur seine Aufgabe, indem er ständig rationalisiert. Er läßt sich in seinen Maßnahmen vom Erwerbsinteresse leiten und wird um des höheren Gewinnes willen jede Maßnahme ergreifen, die sich ihm darbietet, um den Gewinn zu erhöhen. Allerdings finden diese Möglichkeiten ihre Grenze an der Knappheit der Produktionsmittel, die Verwendung neuer Verfahren noch nicht zuläßt und auch an der Begrenztheit des Unternehmerkönnens. Wenn man jedoch gerade auf letzteres gern verweist, und daraus die Notwendigkeit eines besonderen Druckes von außen hergeleitet werden soll, so müssen wir darauf verweisen, daß kaum ein besserer und objektiverer Auswahlprozeß der Fähigsten zu denken ist als die Konkurrenzwirtschaft, mit der wir es ja zu tun haben. Ganz besonders bei dem heutigen Arbeitstempo unserer Wirtschaft, bei der ständigen Umgestaltung der Verhältnisse, der verschärften Konkurrenz von innen und außen scheiden die Unternehmer automatisch aus, die es nicht verstehen, die bei gegebenen Verhältnissen mögliche und notwendige optimale Kombination herbeizuführen. Wir müssen uns deshalb dagegen wenden, daß man meint mit Eingriffen von außen das Ausüben der Unternehmerfunktion ergänzen zu sollen; diese Notwendigkeit kann nicht vorhanden sein, denn der Unternehmer ist eben um seiner selbst willen gezwungen, ständig zu rationalisieren, was ja die Massarsche Theorie immer wieder selbst betont. Wir müssen im folgenden also voraussetzen, daß die im Bereich des Möglichen liegende Rationalisierung ständig durchgeführt wird.

Nun wird ohne weiteres angenommen, daß es richtig sei zu sagen: Lohndruck führt zu verschärfter Mechanisierung der Produktion. Das bedeutet größere Wirtschaftlichkeit, also Wachstum des Produktionsertrages, also Befriedigung einer größeren Nachfrage. Also bewirkt Lohnerhöhung wirtschaftlichen Fortschritt. Die Zunahme der Lohnkosten kann zweifellos dazu führen, daß der Unternehmer Arbeitskraft durch Kapital substituiert, weil letzteres bisher zu teuer, jetzt zwar gleich teuer (zunächst wenigstens), aber immer noch billiger als Arbeitskraft ist. Die teilweise Ersetzung der Lohnkosten durch Kapitalkosten bringt also auf jeden Fall eine Kostensteigerung, denn bedeutete die Mehrverwendung von Kapital eine solche nicht, so wäre die Substitution längst erfolgt. — Mag im Einzelfalle sein, daß die Ertragssteigerung, die aus der Kapitalmehrverwendung hervorgeht, eine gewisse Kompensation der gestiegenen Kosten bedeutet. — Der Unterschied zwischen einer aus dem Wirtschaftssinn des Unternehmers hervorgehenden Mechanisierung und jener, die auf den Lohndruck seitens der Gewerkschaften zurückzuführen ist, liegt ja auf der Hand. Zunächst ist *in ersterem Falle* die *Ursache eine Kostensenkung*, in Sonderheit des Kapitalzinses. *Im zweiten Falle* jedoch ist es eine *Kostensteigerung als Folge der Lohnerhöhung. In ersterem Falle* tritt eine *Verbesserung des Produktionsapparates* ein, weil die voraufgehenden Produktionsperioden die Mittel dazu bereitstellten und nun auf Grund dieser Mittelvermehrung eine Verbesserung des Produktionsapparates, eine Produktivitätssteigerung und damit eine verbesserte Bedarfsdeckung bewirkt werden kann. *Im zweiten Falle* ist keine vergrößerte Mittelbereitstellung zu verzeichnen, wohl aber *ein stärkerer Konsumwille*, der sich mit außerwirtschaftlichen machtmäßigen Mitteln durchsetzt. Er kann sich aber effektiv auf die Dauer nur durchsetzen, wenn es gelingt, den Ertrag der Produktion auch wirklich zu steigern, was durch Verbesserung des Produktionsapparates zu geschehen hat. Während im ersteren Falle die Mittel bereitstanden und auf Verwendung drängten, müssen sie jetzt erst geschaffen werden. Erhalten nun die höher zu entlohnenden Arbeiter das Mehr in Form veritabler Kaufkraft, so wird dadurch die Verteilung der vorhandenen Mittel derart geändert, daß die Basis der Bereitstellung von Mitteln zur Verbesserung bzw. Erweiterung des Produktionsapparates enger wird, die Mechanisierung also nur in langsamerem Tempo als bisher fortschreiten kann. Erhalten jedoch die Lohnempfänger das Mehr in Form von zusätzlicher Kaufkraft, so müssen sie, wollen sie auf die Dauer in den Genuß einer verbesserten Bedarfsdeckung kommen, die ihrer Entlohnung zugrunde liegenden Leistungen auch erst tätigen, und zwar im Sinne einer Verbesserung des Produktionsapparates. Gewiß ist die Möglichkeit gegeben, durch zusätzliche Kaufkraft die Wirtschaftsentwicklung zu forcieren, aber es ist ein Unterschied, ob man die zusätzliche Kaufkraft den Unternehmern oder den Arbeitern zur Verfügung stellt, es sei denn, daß die Arbeiter sie ebenso wie die Unternehmer akkumulativ verwenden. Aber diese Voraussetzung würde der von uns zu kritisierenden Theorie nicht entsprechen, da diese ja auf die Konsumsteigerung abhebt. Steigerung des Produktionsertrages mittels zusätzlicher Kaufkraft setzt voraus, daß mit Hilfe der zusätzlichen Kaufkraft gesteigerte Bereitstellung von Produktionsmitteln und Arbeitskräften zur Vermehrung des Realkapitals möglich wird, um dann mittels eines verbesserten Produktionsapparates gesteigerten Ertrag und somit erweiterte Bedarfsdeckung zu erreichen. Dies geschieht, wenn die Unternehmer mittels zusätzlicher Kaufkraft einen größeren Teil Produktivkräfte zur Schaffung von Realkapital an sich ziehen können, als ohne die zusätzliche Kaufkraft ihnen möglich gewesen wäre (erzwungenes Sparen). Parallel muß aber, wie wir das bei Besprechung des Konjunkturaufschwunges und der Stockungsursachen sahen, eine der Realkapitalbildung entsprechende 100proz. Sparkapitalbildung gehen, die dann auch das Abwarten der Nutzungen langdauernder Güter gestattet. Erst in fernerer Zukunft kann also vom Zeitpunkt der Schaffung zusätzlicher Kaufkraft aus gesehen der Konsum gesteigert, zunächst muß er eingeschränkt werden. Zusätzliche Kaufkraft in Händen der Arbeiter bedeutet bei konsumtiver Verwendung aber, daß ein größerer Ertragsteil auf Herstellung von Konsumgütern, ein geringerer auf Realkapitalerzeugung verwandt wird und die Sparkapitalbildung eingeschränkt ist, also gerade das Gegenteil dessen, was zu Ertragssteigerung führen könnte. (Hier wird uns der Einwand, daß ja Lohnerhöhungen gar nicht Verknappung der Sparmöglichkeiten bedeuten müsse, weil sie zu Ertragssteigerung führen müssen, nicht gemacht werden können, wenn wir scharf den Entwicklungsablauf in den verschiedenen Zeitspannen auseinanderhalten. Wir befinden uns in Zeitspanne I und sehen, welche Grundlagen hier für die Entwicklung, die die lohnbetonte Theorie für die späteren Zeitspannen erhoffte, gelegt werden.) Die Theorie, die mittels künstlicher Lohnsteigerung glaubt die Wirtschaftsentwicklung fördern zu können, übersieht eben ein notwendiges Zwischenglied, die notwendigerweise *voraufgehende* Besserung bzw. Erweiterung des Produktionsertrages und die notwendige, dieser parallel gehende Sparkapitalbildung. Rationalisieren die Unternehmer von sich aus, so sind diese Voraussetzungen erfüllt. Rationalisieren sie unter dem Druck der Lohnforderungen, so sind sie nicht nur im Augenblick nicht erfüllt, sondern ihre Erfüllung wird auch für die Zunkuft zunichte gemacht; einer augenblicklichen Konsumsteigerung mittels zusätzlicher Kaufkraft muß in der Zukunft eine Konsumverknappung folgen.

Die Lohnerhöhung, die verstärkte Nachfrage nach Produktionsmitteln auslöst, wird Preissteigerung derselben veranlassen. Der Unternehmer stellt nur solange, als diese noch nicht die Lohnpreissteigerung eingeholt hat, statt Arbeitskraft Maschinen ein, aber da ja ein größerer Ertragsteil als bisher dem Verbrauch gewidmet wird, steht der verstärkten Nachfrage nach Realkapital eine geringere Mittelbereitstellung gegenüber, was die Preise der Produktionsmittel entsprechend steigern muß. Die Möglichkeit eines Ausweichens der Unternehmer gegenüber den Lohnerhöhungen in Gewinnerhöhung durch Mechanisierung ist dadurch gehemmt, ja illusorisch gemacht, es bleibt nur noch ein Heraufsetzen der Preise, das in diesem Falle kaum im Sinne der Aufwärtsentwicklung liegt. Die Spekulation auf Rationalisierung und damit wachsenden Fortschritt infolge Lohndruckes ist also verfehlt. *Der einzig mögliche Weg, dem Wirtschaftsfortschritt zu dienen, beginnt immer bei der Steigerung der Produktivität.*

Wenn MASSAR uns entgegenhält, daß die behauptete Akkumulationseinschränkung in der Praxis unter gewöhnlichen Verhältnissen auf die Dauer nicht erfolgen würde, denn: „Die Pflicht zu sparen und die Verantwortlichkeit für die Ausdehnung des Unternehmens liegen tief in der Unternehmerpsyche, die Pflicht ist hier eine Art Religiosität[1]", so müssen wir ihm erwidern, daß auch der Unternehmer die Grenzen, die von seiten des Produktionsapparates und der Mittelbereitstellung gesteckt sind, ja nicht übersteigen kann.

Bevor wir die allgemeine Frage der Wirtschaftsankurbelung durch vom Lohndruck veranlaßte Rationalisierung verlassen, müssen wir noch auf eines hinweisen. Es ist durchaus richtig, wenn TARNOW sagt, man müsse sich klar darüber sein, daß es sich bei der heutigen Rationalisierung nicht um eine einmalige Erscheinung handle, nicht nur darum, „wieder in die Reihe zu kommen", um dann wieder verpusten zu können, wenn dieselbe Frontstellung wie bei den anderen erreicht ist, denn diejenigen Volkswirtschaften, die heute vorne im Rennen liegen, ruhen nicht auf ihren Lorbeeren aus. „Wir werden uns deshalb darauf einrichten müssen, daß es sich für die deutsche Wirtschaft nicht nur um ein vorübergehendes Aufholen, sondern um ein dauerndes Mitkommen handelt, bei dem vielleicht ein noch schärferes Tempo vorgelegt wird, als wir es uns bis jetzt träumen lassen[2]." Ganz recht, wenn TARNOW hier die Konkurrenz als jenes Prinzip erkennt, das den Unternehmer zum Untergang verurteilt, wenn er seinen Betrieb nicht ständig rationalisiert; um so mehr muß man sich wundern, daß er, der doch wohl das Erwerbsstreben des Unternehmers als heute leitendes Wirtschaftsmotiv anerkennen wird, noch an die Notwendigkeit glaubt, durch Lohndruck die Rationalisierung beschleunigen zu müssen. Und dann, wenn man schon erkennt, daß es sich nicht nur darum handelt, früher oder später den Anschluß wiederzugewinnen, sondern auch dann noch ein verschärftes Tempo durchzuhalten, so müßte man doch erst recht darauf

[1] MASSAR: S. 49.
[2] TARNOW: S. 23.

dringen, daß die notwendige, ständig steigende Verbesserung des Produktionsapparates sichergestellt wird, also erst Mittel als Unterlage für Rationalisierungsmöglichkeiten schaffen und dann überlegen, wieviel vom gesteigerten Ertrag man verzehren kann. Bei Betrachtung dieser Frage ist dann immer zu bedenken, daß ein rascherer Umschlag des Produktionsapparates ein schnelleres Abschreibungstempo erheischt, also die Rücklagen zur Erneuerung des Produktionsapparates in der Zeiteinheit entsprechend der Temposteigerung erhöht werden müssen.

§ 6. Internationale Vergleiche.

Zur Stützung von Lohnforderungen wird immer wieder vornehmlich der Hinweis auf amerikanische Lohnverhältnisse und auf amerikanische Wirtschaftstheorien gebracht. Aber Vergleiche des Lebensstandards wie der Wirtschaftsmaßnahmen verschiedener Volkswirtschaften haben nur sehr geringe Beweiskraft, da ja die Grundlagen, auf denen die verschiedenen Wirtschaften sich entwickeln, wiederum sehr verschieden sind. Wir veranschaulichen dies, indem wir hier KARL KÖTTGENS' Feststellung anführen, daß, während die Ernährung unserer Bevölkerung 43,3% unserer Erwerbstätigkeit in Anspruch nimmt, in Amerika 29% derselben genügen, um die Bevölkerungsernährung sicherzustellen[1]. Auch ist z. B. zu bedenken, daß Amerika fast alle Rohstoffe im eigenen Lande besitzt, während wir die meisten Rohstoffe durch Tausch gegen unsere Fertigfabrikate erwerben müssen. Derartige Beispiele ließen sich in großer Zahl anführen, um darzutun, wie wenig mit solch internationalen Vergleichen anzufangen ist. Wenn demgegenüber gesagt wird, es sei aber doch Tatsache, daß ganz grundsätzlich die Amerikaner den Konsum für das Entscheidende halten, daß sie zur Überzeugung gelangt sind, daß hohe Löhne, also viel Kaufkraft in Händen der Arbeiter die sicherste und beste Grundlage für die Produktion seien, so geben wir auch zu, daß eine möglichst breite, kaufkräftige Abnehmerschicht die Produktion begünstigen muß. Aber auch in Amerika beruht der Kaufkraftbesitz auf Leistungen und ist bemessen nach der Höhe des Ertrages. Dies ergibt sich auch aus folgender Bemerkung des bisherigen amerikanischen Handelsministers HOOVER: „Die Produktivität unserer Arbeiter über die aller anderen Länder erhöht und ermöglicht die Aufrechterhaltung des hohen Reallohnes[2].“ *Die amerikanischen Unternehmer können hohe Löhne zahlen, weil die Mittelbereitstellung die Grundlage für eine derartige Produktivität bietet, daß eben der einzelnen Arbeitsleistung ein höheres Kaufkraftäquivalent entsprechen kann.* Wir können aus dem amerikanischen Beispiel nur lernen, erst bei bester Nutzung des Aus-

[1] KÖTTGENS: Das wirtschaftliche Amerika, S. 12—17. Auch zit. bei WEBER.
[2] Zit. bei TÄNZLER.

landskredits den Produktionsapparat zu hoher Leistungsfähigkeit zu befähigen, unsere Arbeitskraft mit besten und reichlichen Produktionsmitteln zu kombinieren und damit den Ertrag zu steigern. Dem wird dann auch eine verbesserte Bedarfsdeckung entsprechen. Die Erkenntnis, daß einem großen Ertrage auf die Dauer auch ein großer Verzehr entsprechen muß, besitzen nicht die Amerikaner allein; wenn man sich in Deutschland gegen ständige Lohnerhöhungen verwahrt, so liegt dem gerade eben dieselbe Erkenntnis zugrunde, nur bietet sie sich so dar, daß der Lohn der Leistung dem Ertrage derselben entsprechen muß und mangelhafte Kapitalbildung die Leistungssteigerung verzögert. Die Notwendigkeit, die Leistung zu berücksichtigen bei Bemessung des Entgelts scheint ja auch MASSAR anzuerkennen, wenn er sagt, daß die Lohnerhöhungen natürlich Rücksicht nehmen müßten auf die Konstitution des einzelnen Unternehmens[1].

Die wirtschaftlichen Gegebenheiten der verschiedenen Länder sind also so unterschiedlich, daß die Wirtschaftsergebnisse und Methoden nicht vergleichbar erscheinen. Es muß immer wieder darauf hingewiesen werden, daß internationale Lohnvergleiche als Rechtfertigungsmittel von Lohnforderungen ganz überflüssig sind, da es sich nicht darum handelt, darzutun, daß dieser Arbeiter schlechter lebt als jener, sondern darum, daß der eine oder der andere im Vergleich *zu den Wirtschaftsverhältnissen seines Landes* zu schlecht entlohnt ist. Man muß ja bei solch internationalen Vergleichen immer bedenken, nicht nur, daß die Leistung der Arbeiter verschiedener Völker von verschiedenen physischen wie auch psychischen Voraussetzungen bestimmt ist, sondern daß auch die Ausrüstung mit Produktionsmitteln hinsichtlich Güte, Menge und Anordnung für die verschiedenen Arbeiter verschieden ist. TARNOW hat in seiner Schrift unter dem Abschnitt „Das Wachstum der Gütererzeugung" festgestellt, wie ungeheuer die Produktivität nicht nur in Amerika, sondern auch bei uns gewachsen sei und damit sagen wollen, daß wir die amerikanischen Lohnsteigerungstendenzen auch uns zu eigen machen müßten. Es wäre gut gewesen, wenn TARNOW statt nur den Produktivitätsfortschritt bei uns zu verzeichnen, die Vergleichszahlen z. B. der Ausrüstung mit Realkapital für den deutschen, den englischen und den amerikanischen Arbeiter gegeben hätte. Eine dies veranschaulichende Aufstellung findet sich in der von der Reichskreditanstalt herausgegebenen Schrift „Deutschlands wirtschaftliche Lage an der Jahreswende 1928/29". Man sieht daraus, wie erbärmlich unsere Prokopfausrüstung mit PS gemessen an der amerikanischen ist und ebenso, wie gering unser Maschinenverbrauch je Kopf der Bevölkerung im Vergleich zu Amerika ist.

[1] MASSAR: S. 35.

Industriezweig	PS pro Kopf der Beschäftigten USA. 1925	Gr.-Britanien 1924	Deutschland 1925	Vereinigte Staaten = 100 USA.	Gr.-B.	D.
Eisenindustrie ..	12,85	9,15	7,35	100	75	58
Allg. Maschinenbau	3,62	2,60	1,29	100	81	36
Kraftfahrzeugindustrie	2,75	1,13	0,85[1]	100	41	31
Elektrotechn. Industrie.....	2,46	1,28	1,18[2]	100	52	48
Schiffbau	6,04	2,70	2,21	100	45	37
Baumwollindustrie	5,02	3,14	1,89	100	63	38
Wollindustrie...	3,28	1,97	1,37	100	60	42

Gesamte Wirtschaft	Maschinenverbrauch je Kopf der Bevölkerung USA.	Gr.-Br.	D.	Vereinigte Staaten = 100 USA.	Gr.-Br.	D.
	99,4	42,8	36,2	100	43	36

Noch instruktiver ist wohl eine Tabelle in Butlers Schrift, die uns angibt, um wieviel die Mengenleistung des amerikanischen Arbeiters in den letzten 10 Jahren gestiegen ist. Eine derartige Ertragssteigerung pro Leistung wäre nicht möglich gewesen, wenn in Amerikas natürlichem Reichtum, der Qualität seines Produktionsapparates vor dem Kriege und seiner Wirtschaftsstellung während desselben nicht die Vorbedingung für eine erhebliche Mechanisierung auf Grundlage einer ungeheuren *voraufgehenden* eigenen Kapitalbildung gegeben gewesen wäre. Lohnvergleiche haben also für uns nur einen Sinn, wenn sie sich mit unserer eigenen Kombination von Kapital und Arbeit, unserem eigenen Produktivitätsindex beschäftigen.

Wir wollen dieser Betrachtung eine weitere hinzufügen, die zeigt, wie sehr wenig wir in Deutschland Anlaß haben, unter Hinweis auf das Ausland höhere Löhne zu fordern. In der Veröffentlichung der Reichskreditanstalt finden sich Vergleiche über die Kapitalbildung in den verschiedenen Ländern und dabei die Feststellung: „In sämtlichen übrigen Industrieländern hat die Kapitalbildung, und zwar unter Berücksichtigung der Geldentwertung die Vorkriegshöhe erreicht und zumeist erheblich überschritten", während „die jährliche Kapitalbildung des heutigen Deutschland nach allen Berechnungen und Schätzungen, die bisher angestellt worden sind, absolut und je Kopf der Bevölkerung unter Vorkriegshöhe steht." Diese Entwicklung spiegelt sich ja auch in der Entwicklung des Zinsfußes wieder, wie sie uns ein Vergleich mit

[1] Ohne Reparaturwerkstätten.
[2] Ohne Installations- und Reparaturwerkstätten.

dem Zinsfuß in Neuyork und London angibt, wobei für Deutschland zu bedenken ist, daß der Zinsfuß so hoch ist, obwohl beträchtliche Auslandsanleihen unserem Kapitalmarkt Erleichterung brachten.

Privatdiskont.

	Berlin	Newyork	London
Januar 1927	4,09	3,72	4,16
Dezember 1927	6,77	3,31	4,31
Januar 1928	6,20	3,42	4,18
April 1928	6,67	3,89	4,00
Juli 1928	6,71	4,41	3,97
Oktober 1928	6,50	4,56	4,33
Dezember 1928	6,48	4,61	4,36

Die deutsche Wirtschaft hat also mit einem sehr viel höheren Zins zu rechnen als das Ausland und hinzu kommt, daß dieser hohe Zins zum großen Teil nicht in der eigenen Wirtschaft verbleibt, sondern ins Ausland abfließt. Nach Berechnungen des Statistischen Reichsamtes beträgt die jährlich für unsere Auslandsschulden zu zahlende Zinssumme im Augenblick 1250 Millionen RM. Während wir eine durchaus passive Zahlungsbilanz haben, die Grundlage für Zinseinkünfte aus dem Ausland, die vor dem Kriege bestand, uns genommen ist, verfügen die übrigen größeren Industrieländer über bedeutende Zinseinnahmen, die ihrem Kapitalmarkt zugute kommen. Auch diesen Mangel müssen wir durch Eigenkapitalbildung wettmachen.

In diesem Zusammenhang ist dann noch der Belastung unserer Volkswirtschaft durch die dem Dawesplan entspringenden Verpflichtungen zu gedenken. Wenn eine Volkswirtschaft, ohne Gegenwerte zu erhalten, jährlich einen erheblichen Teil ihres Sozialproduktes dem Auslande zur Verfügung stellen muß, so heißt das doch, daß die Wirtschafter dieses Landes entweder weniger Kapital bilden oder nur weniger verzehren dürfen, welch ersteres Verfahren unseren Kapitalmarkt in weiterhin steigende Abhängigkeit vom Ausland bringt. Wählen wir den Weg der Verbrauchseinschränkung, so wird wenigstens die Entwicklung unserer Produktivität nicht gehemmt und wir können in diesem Maße mit dem Auslande Schritt halten und stehen nach Beendigung der Tributleistung hinsichtlich der Güte unseres Produktionsapparates diesem gleich. Die Tributlasten werden nicht von den „Reichen" allein, ja nicht einmal zum großen Teil, getragen. Zunächst ist es, wie wir mehrfach zeigten, zweifelhaft, ob eine Einkommensbeschränkung der Reichen auch zu Konsumeinschränkungen führt und dann spielt die Konsumgröße dieser Schichten doch keine überaus erhebliche Rolle. Es läuft also die Notwendigkeit, Tribute zu zahlen, auf eine Senkung des Lebenshaltungsniveaus der breiten Massen der Wirtschafter naturnotwendig hinaus. Wenn die wirtschaftlichen Notwendigkeiten sich noch nicht mit solcher

Stärke geltend gemacht haben, daß den Lohnsteigerungen dadurch Einhalt geboten wurde, so liegt das doch wohl daran, daß die Tributleistungen bisher getätigt wurden nicht aus dem eigenen Produktionsertrag, sondern aus dem uns auf dem Wege des Kredits zur Verfügung gestellten Ertragsteilen anderer Volkswirtschaften. (Die Frage, ob die Auslandsanleihen bisher direkt zur Zahlung der Reparationen verwandt worden sind, also überhaupt nicht in den deutschen Wirtschaftsapparat einflossen, ist hier unerheblich.)

Die Gestaltung eines weiteren Selbstkostenkontos, das im Rahmen unseres Wirtschaftsplanes immerhin eine gewisse Rolle spielt, des Sozialaufwandes, ist für die verschiedenen Volkswirtschaften ebenfalls verschieden. Während die amerikanische Industrie so gut wie gar keine derartigen Ausgaben kennt, da Einrichtungen, wie unsere Sozialversicherungen drüben völlig fehlen, muß der Sozialaufwand der deutschen Unternehmer dem Lohnkonto deutscherseits zugeschlagen werden, während bei der Kaufkraftbewertung der Arbeitereinkommen in USA. ein Abzug zu machen ist, für Rücklagen für diejenigen Fälle, in denen bei uns die Sozialversicherung einspringt.

Im übrigen wird von Amerikafahrern immer wieder betont, daß der Reallohn in Amerika zwar ein höherer ist als bei uns, der Unterschied sich aber in bescheidenen Grenzen bewegt. Als Beleg führen wir den Bericht der Bergarbeiter Deutschlands „im Lande der billigen Kohle“ an[1].

An dieser Stelle dürfte auch noch ein besonderer Hinweis auf die Bedeutung der Ausfuhr und die notwendige Beachtung derselben bei Behandlung des Lohnproblems in Deutschland angebracht sein. Die verschiedene Bevölkerungsdichte in Verbindung mit den übrigen wirtschaftlichen Gegebenheiten (Bodenschätze, klimatische Verhältnisse usf.) bestimmt den Grad, in dem die verschiedenen Volkswirtschaften auf die weltwirtschaftliche Verflechtung zu achten haben. Wenn in Amerika im Jahre 1920 auf 1 qkm 13,49 Personen leben und im übrigen das Land fast alle notwendigen Rohstoffe in sich selbst birgt und der eigene Boden die Ernährung der Bevölkerung ermöglicht, so wird dieses Amerika fast eine autarke Wirtschaftspolitik treiben können. In ganz anderer Lage ist Deutschland, in dem im Jahre 1919 unter Zugrundelegung der Gebietsverhältnisse von 1923 auf 1 qkm 126,79 Personen lebten. Unsere Landwirtschaft vermag — wenigstens heute — nicht, den Nahrungsbedarf unserer Bevölkerung zu decken. Auch ist unsere industrielle Erzeugung auf erhebliche Einfuhr von Rohstoffen aus dem Auslande angewiesen. Was Amerika uns hier mit seinen Schätzen im eigenen Lande voraus hat, gewinnt England an Vorsprung durch seinen Kolonialbesitz und die Dominions. Allein zur Befriedigung unserer

---

[1] Erschienen beim Verband der Bergarbeiter Deutschlands 1926.

Ernährungsbedürfnisse müssen wir Deutschen Boden fremder Völker heranziehen und können dies nur, indem wir Gegenwerte dafür geben, die bei der Knappheit unseres Rohstoffbesitzes im wesentlichen die Gestalt von industriellen Fertigwaren und Dienstleistungen annehmen. Aber wie gesagt, auch unsere Industrie benötigt zur Erweiterung ihrer Rohstoffbasis den Import. Unser Export muß also nicht nur die nötigen Mittel schaffen, die wir als Gegenwert für die Lebensmitteleinfuhr benötigen, sondern auch die, die wir zum Eintausch der in den zu exportierenden und auch den selbstzuverbrauchenden industriellen Fertigwaren steckenden Rohstoffe benötigen. Exportieren können wir nur, wenn unsere Waren nach Qualität wie Preis dem ausländischen Käufer auch einen Vorteil bieten. Ob wir die Preise, die die Industrien anderer Länder zu stellen vermögen, halten oder gar unterbieten können, das hängt davon ab, ob wir geringere Kosten zu verzeichnen haben. Wir sahen schon, daß wir höheren Zins als die übrigen Länder in Ansatz bringen müssen und daß auch die Ergiebigkeit der Arbeitsleistung bei uns der in anderen Ländern nachsteht. Zwei wichtige Kostenfaktoren, die uns bereits sagen sollten, daß wir dann bei Festsetzung der übrigen Kosten, deren augenblickliche Bestimmung uns bis zu einem gewissen Grad selbst in die Hand gegeben scheint, vorsichtig verfahren müssen. Also insbesondere bei der Einsetzung zweier weiterer Kostenelemente, des Kapitalerneuerungs- bzw. Bildungssatzes und des dem Verbrauch zu widmenden Gewinnsatzes, wobei unter letztere Rubrik alle Arten von Lohn, also auch der Unternehmerlohn wie auch zum großen Teil der Etat des Staates und der Kommunen fallen. Die Niederhaltung der Preise auf Kosten der Kapitalquote würde unsere Lage nur noch verschlechtern, indem unsere Produktivität gleichbliebe, während die unserer Konkurrenzländer verbessert würde. Es kommt also darauf an, daß wir den Gewinnteil pro exportierter Produkteinheit, den wir konsumtiv (auch etwa zur Errichtung eines neuen Stadions, eines Postamtes, eines Arbeitsamtes usw.) verwenden wollen, um den Betrag kürzen, als die Differenz zwischen übrigen Kosten und Preis auf dem Auslandsmarkt es nötig macht. Je mehr unsere Kombination von Arbeit und Kapital hinter derjenigen des Auslandes, das für uns Lebensmittel- wie Rohstofflieferant ist, zurückbleibt, je mehr wir an Mitteln aufwenden müssen, um die Produktionseinheiten zu erzeugen, die das Ausland als Gegenwerte von uns verlangt, desto mehr wird unser Konsumtionsvermögen *auf die Dauer* geschwächt. Daß diese Tatsachen für jedes Land, das auf Einfuhr von außen angewiesen ist, gilt, und in dem Grad an Gewicht gewinnt, in dem das Angewiesensein auf die ausländischen Erzeugnisse bei den verschiedenen Volkswirtschaften größer oder geringer ist, dürfte klar sein und bei der Frage Akkumulation oder Konsumsteigerung Beachtung finden. Der Vergleich mit fremden

Volkswirtschaften kann also in heutigem Zeitpunkt der deutschen Volkswirtschaft keinerlei Ermutigung zu Lohnerhöhungen bringen.

Zusammenfassung Kapitel III, 2. Abschnitt.

Es besteht die Möglichkeit, daß als Folge von Lohnerhöhungen Verschiebungen innerhalb des Konsums eintreten, aber zumeist wird eine Verkürzung der Gewinne, von der man die Einschränkung des Luxuskonsums erwartet, nicht diese, sondern die andere Wirkung, daß die Akkumulation eine Einschränkung erfährt, zur Folge haben und überdies spielt der hier verwandte Begriff des Luxuskonsums im Rahmen des Gesamtkonsums eine sehr untergeordnete Rolle. Die Lohnerhöhung wird also zwar Massenkonsumsteigerung bewirken, aber nicht innerhalb des Konsumkomplexes andere Verteilung, sondern eine Erweiterung desselben.

Die Bedeutung der Lohnkosten hat zwar im Einzelbetrieb vielfach abgenommen, ist aber in der Gesamtwirtschaft gleich groß wie früher. Der Schluß, daß steigende Lohnkosten zur verstärkten Mechanisierung führen, setzt voraus, daß dieselbe in diesem Augenblick wirtschaftlich richtig ist, d. h., daß Mittel bereit stehen für diesen Zweck, daß die Bestkombination durch diese Zunahme der Kapitalquote erreicht wird, wenigstens, wenn man darauf hinaus will, eine Förderung der Wirtschaftsentwicklung durch Lohnerhöhungen zu beweisen. Wenn aber diese Voraussetzung gegeben ist, bedarf es gar nicht eines Druckes von seiten der Gewerkschaften, um die beste Ausnutzungsmöglichkeit der Produktionsfaktoren herbeizuführen. Ist die Voraussetzung aber nicht erfüllt, so wird sie durch Lohnerhöhungen nicht geschaffen, ihr Heranreifen vielmehr dadurch verzögert und unter Umständen unzweckmäßige Kombination bewirkt. Wir leiden in der Gegenwart stark an Kapitalmangel, die Voraussetzung ist also nicht gegeben. Und stellt sie sich ein, indem das Auslandskapital zu Hilfe kommt, so ist darin kein Grund für Lohnerhöhungen zu erblicken.

Vergleiche mit fremden Volkswirtschaften, die höhere Löhne zahlen, sind wertlos, da die verschiedenen Vorbedingungen berücksichtigt werden müßten, die verschiedener Leistungsfähigkeit zugrunde liegen und der Grad der Leistungsfähigkeit, der Grad der Produktivität, das Hauptelement der Lohnbestimmung ist.

Lohnerhöhungen in der deutschen Volkswirtschaft der Gegenwart sind generell nicht entwicklungsfördernd, sondern wirtschaftsschädlich.

§ 7. Vom gegenwärtigen Lohnstand.

Als eines der Ergebnisse dieser Arbeit dürfen wir die Erkenntnis buchen, daß die Produktivität der Arbeitsleistung, die ihrerseits weitgehend bestimmt ist, durch die Kombination von Kapital und Arbeit, und die Lohnhöhe in engsten Zusammenhang stehen. Es dürfte auch aus der Erörterung der gewerkschaftlichen Lohntheorie hervorgegangen sein, daß die Erkenntnis des Zusammenhanges von Lohn und Produktivität auch dort eingedrungen ist. So wird künftig bei Beantwortung der Frage, ob Lohnerhöhung oder ob nicht, für jedermann die Beantwortung der Vorfrage entscheidend sein, ob denn in der Produktivitätsentwicklung, in der Entwicklung des Ertrages bei gleichem Aufwand sich eine Änderung ergeben habe. — Auch die Schlichtungsbehörden werden diese ihre ursprüngliche Aufgabe begreifen müssen, die in der Berücksichtigung der wirtschaftlichen Gegebenheiten bei Lohnerhöhungen hatte liegen sollen. — *Begründungen für Lohnerhöhungen werden nicht mehr wie bisher mit der Darstellung der schlechten Lage der Lohnempfänger, sondern mit der Darstellung der gebesserten Lage der Wirtschaft zu beginnen haben und darin ihren Schwerpunkt finden müssen.*

Wir dürfen daher diese Arbeit nicht beschließen, ohne uns, soweit das im Rahmen einer solchen Abhandlung möglich ist, über den gegenwärtigen Stand der Lohnentwicklung klar geworden zu sein. Wie entwickelte sich der Lohn überhaupt, und wie entwickelte er sich im Vergleich zu der Produktion? Gewiß läßt sich diese Frage nicht mit absoluten und genau richtigen Zahlen beantworten, es werden jedoch mit ziemlicher Genauigkeit die Tendenzen und die Intensität, mit der diese sich in den letzten Jahren durchzusetzen vermochten, festzustellen sein, und dies genügt auch vollkommen. Die folgenden Tabellen sind in diesem Sinne geeignet, Zweckdienliches über die Entwicklung einiger bei der Verteilung des Produktionsertrages eine erhebliche Rolle spielenden Faktoren auszusagen.

Die Produktionsentwicklung nach Indexberechnungen[1].

Jahr	USA. 1913=100	Frankreich 1913=100	Gr.-Britannien 1924=100	Deutschland 1913=100
1913	100	100	ca. 100	100
1924	134	—	100	—
1927	ca. 150	109	104,8	108,1
1928	ca. 155	127	—	109,6

USA. Gesamtproduktion, ebenso Deutschland (heutiges Gebiet ohne Saar), ebenso Gr.-Britannien; Frankreich (heutiges Gebiet, nur Industrie).

Wir haben also in Deutschland die Ertragshöhe von 1913 um etwa 10% überschritten. Die zur Verteilung zur Verfügung stehende Gütermenge war vor dem Kriege nicht identisch mit dem unmittelbaren Ertrage unserer Produktion. Diesem gesellten sich vielmehr die beträchtlichen Einnahmen aus der aktiven *Zahlungs*bilanz hinzu. Die heute zur Ver-

[1] Deutschlands wirtschaftliche Lage an der Jahreswende 1928/29, Reichskreditanstalt.

fügung stehende Gütermenge hingegen ist nicht größer, sondern geringer als der Produktionsertrag, da erstens sehr beträchtliche Abflüsse infolge unserer Auslandsverschuldung und darüber hinaus infolge unserer Tributverpflichtungen auf Grund des Weltkrieges zu verbuchen sind. *Die zur Verteilung in unserer eigenen Volkswirtschaft bereitstehende Gütermenge dürfte daher kaum größer, eher kleiner geworden sein.*

Drei große Ausgabeposten wollen wir dieser Einnahme gegenüberstellen. Eine Hauptbedeutung ist bei der Verteilung und Verwendung des Gesamtertrages sowohl dem Anteile des Kollektivbedarfes wie auch der Kapitalbildung beizumessen. In einem von den christlichen Gewerkschaften veröffentlichten Zahlenwerk ist die Summe *aller* zur Erfüllung der öffentlichen Aufgaben erforderlichen Geldmittel in Milliarden M. wie folgt angegeben:

1913/14	1925/26
$7^1/_4$	$14^1/_2$.

Bei Berücksichtigung der Geldentwertung bleibt eine Steigerung um $4^1/_4$ Milliarden M., welche Differenz in den letzten Jahren noch gewachsen sein dürfte. Es handelt sich also um ein Anwachsen der öffentlichen Ausgaben für 1925/26 auf 170,6% von 1913. Die gleiche Entwicklung spiegelt sich wieder in einem Vergleich des Steuerbedarfes von Reich, Ländern und Gemeinden[1].

Steuerbedarf von Reich[2], Ländern und Gemeinden.

	1913 in Milliard. RM.	pro Kopf der Bev. in RM.	1925 in Milliard. RM.	pro Kopf der Bev. in RM.
Reich	1,630	28,20	4,731	75,80
Länder	0,781	26,77	2,396	52,74
Gemeinden	1,509	13,86	3,206	39,41
Hansastadt	0,131	91,56	0,247	52,53
	4,051	70,09	10,580	169,51

Bei Berücksichtigung der Geldentwertung bliebe auch hier eine Zunahme von 4,909 Milliarden, also gegenüber 1913 eine Steigerung um 86,56%. Die Anteilsquote der Kollektivbedürfnisse an der Verteilung des Produktionsertrages ist also ganz erheblich gestiegen.

Schätzungen der Kapitalbildung in Deutschland[3] in Milliarden Reichsmark, Zeitwerte.

	1913	1925	1926	1927
Aus Zinsüberschuß	1,0	—	—	—
Aus Produktionsüberschuß	7,5	9,5	6,3	12,0
Dagegen Kapitaleinfuhr (Verschuldung)	—	—3,1	—	—4,4
	8,5	6,4	6,3	7,6

[1] Größenordnungen in „Volk und Wirtschaft".
[2] Heutiges Gebiet ohne Saar.
[3] 1913 damaliges Reichsgebiet.

Wie steht es mit der Kapitalbildung? Die auf Schätzungen des Statistischen Reichsamtes beruhende Tabelle mag ein ungefähres Bild des Tatsachenverhaltes geben[1].

Betrugen also nach heutigem Geldwert die 8,5 Milliarden des Jahres 1913 11,9 Milliarden, so bleibt eine Differenz von 4,3 Milliarden RM. zu ungunsten der Kapitalbildung im Jahre 1927, die Quote ging also gewaltig zurück. Dies ist um so beachtlicher als wie im Text gezeigt, heute eine verstärkte Kapitalbildung vonnöten wäre, wenn wir nicht dauernd unsere Lebenshaltung auf niedrigerem Niveau als die übrigen großen Völker halten bzw. ewig erhebliche Teile unseres Produktionsertrages dem Auslande als Leihzins zur Verfügung stellen wollen.

Es ergibt sich also, daß der Kollektivbedarf weit stärker zugenommen hat als der Produktionsertrag, während für die Kapitalbildung ein gewaltiger Rückschritt zu verzeichnen ist. Die Zunahme der Quote des Kollektivbedarfes übertrifft den Rückgang derjenigen der Sparkapitalbildung, so daß mit Sicherheit anzunehmen ist, daß irgendwo bei den übrigen Verteilungsposten noch erhebliche Rückgänge zu verzeichnen sind. Wir können darüber nichts aussagen, was uns weiter brächte, wohl aber läßt sich die Entwicklung des Lohnanteiles am Produktionsertrage kennzeichnen. Zwar steht uns eine Statistik der gesamten deutschen Lohnsumme nicht zur Verfügung, aber die Gesamtentwicklung dürfte kaum von der der Lohnsumme aller den deutschen Berufsgenossenschaften zugehörigen Arbeiter abweichen.

Die Lohnsumme sämtlicher deutscher Berufsgenossenschaften betrug:

1913 . . .	11516973758 M.
1927 . . .	19371138668 M.

Es bleibt, wen man die Geldentwertung in Betracht zieht, immer noch eine Steigerung um ca. $3^1/_4$ Milliarden M., also etwa 35%. Die Zahl der Vollarbeiter sämtlicher Berufsgenossenschaften betrug:

1913 . . .	9476233
1927 . . .	10153460.

Das Jahreseinkommen eines Vollarbeiters errechnet sich daraus für:

1913 (mit G.-M.)	1215,34
1927 . (mit RM.)	1908,12.

Die Lohnsumme von 1927 beträgt also etwa 119 vH. von derjenigen von 1913, was einer stärkeren Steigerung als der des Produktionsertrages (wenn überhaupt eine solche vorhanden) entspricht. Wir glauben annehmen zu können, zahlenmäßig beweisen läßt es sich nur schwer, daß das Einkommen der großen Mehrzahl der Nichtlohnempfänger zurückgegangen ist. Hier könnte also ein geringer Ausgleich für die stärkere Zunahme der Arbeitseinkommen liegen. Aber selbst wenn der

[1] Größenordnungen in „Volk und Wirtschaft“.

Gesamtkonsum der Einzelwirtschafter heute nicht größer wäre als im Jahre 1913, so wäre er zu groß, denn die Sparkapitalbildung ist zu gering. Gewiß wird auch am Posten Kollektivbedarf mancher Abstrich zu machen sein, aber wenn irgendwo Ersparnisse gemacht werden, so dürfen diese nicht sofort wieder zur Lohnerhöhung benutzt werden, die unter heutigen Verhältnissen durchaus als wirtschaftsschädlich zu betrachten ist, womit nichts gegen Lohnerhöhungen in einzelnen Betrieben und bei einzelnen Arbeitergruppen gesagt sein soll, wenn diese *der Leistungssteigerung unter Berücksichtigung aller sonstigen Umstände* angepaßt werden. Bei Betrachtung der Lohnsumme ist aber auch darauf hinzuweisen, daß derselben noch die Leistungen der Unternehmer für die Sozialversicherung hinzuzurechnen sind. Auch dieser Aufwand ist ja erheblich gestiegen in der Zeit von 1913 bis zur Gegenwart. Wenn dadurch auch das Arbeitereinkommen eine Mehrbelastung erfuhr, so entspricht dem doch auch eine Zunahme der Hilfeleistung, die der Arbeiterschaft durch die Sozialversicherung zugute kam. Über diese Zunahme der gesetzlichen Leistungen an die Versicherten unterrichtet folgende nach KREIL zusammengestellte Tabelle.

Gesetzliche Leistungen an die Versicherten und deren Familienangehörige in Millionen Reichsmark[1].

Versicherungszweig	1913/14 [2]	1913/14 [3]	1924	1925	1926	Steigerung 1913 = 100: 1924	1925	1926
Krankenversicherung	505,8	455,5	915,0	1252,2	1310,9	201	275	288
Unfallversicherung	176,7	159,1	111,7	178,9	268,8	70	112	169
Invalidenversicherung . . . . (Rentenleistung)	129,7	116,8	252,2	386,1	524,6	216	331	449
Knappschaftl. Pensionsversicherung	—	—	74,3	125,8	167,8	—	—	—
1—3 zusammen	812,2	731,4	1278,9	1817,2	2104,3			

Bei Berücksichtigung der Geldentwertung beträgt also die hier zusammengestellte Leistungssumme 205,3 vH. der Summe von 1913.

Die gesamten Ausgaben der Sozialversicherung (ausschließlich der Arbeitslosenversicherung und ohne Reichszuschüsse) betrugen:

1913	(jetziges Gebiet)	938 Mill. M.
1913	„ „	etwa 1313,2 Mill. RM.
1924	„ „	1576 „ „
1925	„ „	2267 „ „
1926	„ „	2645 „ „

Die Steigerung des Aufwandes der Beitragszahlenden zeigt folgende Aufstellung:

[1] Nach KREIL: S. 52.
[2] Früheres Reichsgebiet.
[3] Jetziges Reichsgebiet.

Die Reineinnahme der deutschen Sozialversicherung in Millionen Reichsmark[1].

Versicherungszweig	1913/14 [2]	1913/14 [3]	1924	1925	1926	Steigerung 1913/14 = 100: 1924	1925	1926
Krankenversicherung . .	667,1	600,6	1123,5	1459,1	1568,2	187	243	261
Unfallversicherung . . .	212,8	191,6	214,1	247,2	335,2	112	129	175
Invalidenversicherung . .	360,9	324,9	375,9	567,2	775,5	116	175	239
Angestelltenversicherung	141,7	127,6	146,3	218,3	293,2	117,3	171,1	229,8
Knappschaftliche Pensionsversicherung . . .	86,6	78,0	147,3	155,2	172,9	189	199	222
Insgesamt	1469,1	1322,7	2007,1	2647,0	3145,0	151,7	200,4	237,7

Bei Berücksichtigung der Geldentwertung betrugen also die Einnahmen der hier zusammengefaßten Sozialversicherungszweige für 1926 169,8 vH. derjenigen von 1913.

Die entsprechend des prozentualen Anteiles der Beitragsleistung der Unternehmer für diese gestiegenen Kosten sind der Lohnsumme ebenso zuzuschlagen wie auch die Leistungen für die Erwerbslosenfürsorge bzw. Arbeitslosenversicherung, die ja vor dem Kriege überhaupt nicht bestanden. Diese Aufwendungen (Arbeitnehmer- und Arbeitgeberbeiträge) betrugen[4]:

	Mill. RM.	
1924	222,4	16,0
1925	165,0	16,5
1926	523,6	16,4
1927	682,3	16,5

Im Zeitraum von nur vier Jahren hat also der Aufwand für die Arbeitslosenversicherung eine Verdreifachung erfahren.

Hartz dürfte recht haben, wenn er für 1927 etwa folgenden Sozialetat angibt:

Invalidenversicherung	1137	Millionen
Angestelltenversicherung	246	„
Unfallversicherung	306	„
Knappschaftspensionsversicherung	205	„
Krankenversicherung	1750	„
Arbeitslosenversicherung	1200	„
	4844	Millionen.

Der Sozialetat für 1928 dürfte die 5-Milliarden-Grenze überschritten haben.

Wir haben diese Zahlenangaben gemacht, um unsere Absicht, die Tendenzen der Verteilungsentwicklung und die Intensität, mit der sie sich durchsetzten, zu veranschaulichen und zu zeigen, daß entschieden

[1] Nach Kreil: S. 69.
[2] Früheres Reichsgebiet.
[3] Jetziges Reichsgebiet.
[4] Für Beitragspflichtige in Millionen.

der Anteil der auf Lohn und alles, was dem Wohlergehen der Lohnempfänger gewidmet wird, entfällt, rascher und teilweise ganz erheblich rascher steigt als der Produktionsertrag, unsere Warnung im theoretischen Teil also nur zu berechtigt ist. Das Bild wird auch dadurch nicht geändert, daß in den Sozialversicherungstabellen auch die Angestellten mitgezählt sind. Von der Betrachtung der Gesamtlohnsumme gingen wir nun über zu der der Einzellöhne, um unser Bild so weit als möglich zu vervollkommnen. Leider fehlt es uns an der Möglichkeit, die Leistungsentwicklung der der Lohnzahlung zugrunde liegenden Arbeitseinheit und des Ertrages mit der der Reallohnerhöhung zu vergleichen. Jedoch gibt hier im großen und ganzen das Vorstehende ein genügendes Bild.

Bei KREIL[1] finden wir im Kapitel „Entwicklung der Löhne" einige zweckdienliche Tabellen nach amtlichen Erhebungen.

Wochenlohn des Vollarbeiters der höchsten tariflichen Altersstufe[2].

Zeitraum	Gelernter Arbeiter		Ungelernter Arbeiter		Lebens-haltungs-index
	RM.	1913 = 100	RM.	1913 = 100	
1913	35,33	100	23,52	100	100
Januar 1924 . . .	28,45	81	23,18	99	—
Juli 1924	35,71	101	26,41	112	—
Januar 1925 . . .	38,78	110	28,93	123	135,6
Juli 1925	43,90	124	32,37	138	143,3
Januar 1926 . . .	45,98	130	23,05	145	139,8
Juli 1926	45,93	130	34,05	145	142,4
Januar 1927 . . .	46,36	131	34,46	147	144,6
April 1927	47,97	136	36,01	153	146,4
Juli 1927	49,17	139	36,70	156	150,0
Oktober 1927 . . .	49,21	139	36,84	157	150,2
Januar 1928 . . .	49,82	141	37,43	159	150,8

Von diesen Tariflöhnen weichen nun die Effektivverdienste zumeist recht erheblich ab. Unter Effektivverdienst verstehen wir den tatsächlich verdienten Lohn (also Tariflohn als Grundlohn plus Leistungszulagen, Akkorde, Prämien usf.) zuzüglich der sozialen Zulagen.

Es liegen bisher drei amtliche Effektivlohnstatistiken vor, für die Textilindustrie, das Holzgewerbe und die chemische Industrie. Dem Vergleich der heutigen Effektivverdienste und demjenigen des Jahres 1913 stehen erhebliche Schwierigkeiten insofern gegenüber als vorhandenes Material zumeist nicht vergleichbar erscheint und es schwer ist, die Feststellungen für 1913 und 1927/28 auf den gleichen Nenner zu bringen. Daraus ergibt sich dann, daß das Statistische Reichsamt die

[1] KREIL: S. 32.

[2] Gewogener Durchschnitt nach Erhebung an den Hauptsitzen der zwölf wichtigsten Gewerbe der Produktions- und Verbrauchsgüterindustrie einschließlich Sozialzulagen für Frau und zwei Kinder.

Geltung seiner Veröffentlichungen im beschreibenden Text sehr erheblich einschränkt, was u. E. teilweise so weit geht, daß eine Verwendbarkeit dieser Erhebungen unmöglich wird. Insbesondere erscheint uns dies für die Erhebung in der Holzindustrie zu gelten, weshalb wir diese hier wegfallen lassen. Auch ist nicht immer ganz ersichtlich, auf welchem Wege das Statistische Reichsamt den heutigen Kaufwert der ermittelten Löhne errechnet, welche Abzüge bei der Umrechnung etwa berücksichtigt sind. Diese Ungewißheit erklärt es, wenn wir in der von uns wiedergegebenen Effektivlohnstatistik für die chemische Industrie zu teilweise anderen Ergebnissen als das Reichsamt gelangten, obwohl wir von genau den gleichen Unterlagen wie dieses ausgegangen sind.

Effektivlöhne in der Textilindustrie.

Berufsart	Durchschnittl. Stundenverdienst in Pfg.			Durchschnittl. Wochenverdienst in Pfg.		
	1913	Sept. 1927	1913=100	1913	Sept. 1927	1913=100
Facharbeiter, männliche . . .	44,7	84,5	189	25,65	42,22	165
Facharbeiter, weibliche . . .	30,7	61,2	199	17,47	30,25	173
Hilfsarbeiter, männliche . . .	34,6	63,6	184	19,91	33,78	170
Hilfsarbeiter, weibliche . . .	25,1	43,1	180	14,14	22,40	158

Die Sozialbeiträge sind nicht abgezogen.

Es betrug also:

a) Der Kaufwert der für September 1927 berechneten durchschnittlichen Effektivverdienste in % von 1913:

männliche Facharbeiter	128,5
weibliche Facharbeiter	135,3
männliche Hilfsarbeiter	125,1
weibliche Hilfsarbeiter	122,3

b) Der Kaufwert der für September 1927 errechneten durchschnittlichen Wocheneffektivverdienste in % von 1913:

männliche Facharbeiter	108,6
weibliche Facharbeiter	114,6
männliche Hilfsarbeiter	112,1
weibliche Hilfsarbeiter	105,9

Die neueste Erhebung ist die für die chemische Industrie, sie gilt für Juni 1928.

Effektivlohnstatistik der chemischen Industrie.

Berufsart	Lohnart	Tariflohn	Effektivlohn	Effektivlohn in % Tarifl.	1913 = 100	Reallohn 1928
Betriebsarbeiter . . .	Zeitlohn	81,0	96,9	119,6	215,5	142,2
Betriebsarbeiter . . .	Stücklohn	95,6	113,0	118,2	230,7	—
Handwerker	Zeitlohn	98,5	122,3	124,2	230,7	152,4
Handwerker	Stücklohn	109,8	132,3	120,4	—	—

Berufsart	Lohnart	Effektiv-verdienst 1913	Effektiv-verdienst 1928	1913 = 100	Realver-dienst 1928
Betriebsarbeiter . . .	Zeitlohn	26,94	47,95	178,0	117,5
Betriebsarbeiter . . .	Stücklohn . . .	26,94	55,74	206,9	136,6
Handwerker	Zeitlohn	33,57	60,60	184,7	122,0
Handwerker	Stücklohn. . . .	33,57	68,14	203,7	134,6

Es beträgt also der durchschnittliche Stundenrealverdienst ausschließlich der Zuschläge für Mehr- und Überstunden in % von 1913:

142,2 beim Betriebsarbeiter
152,4 beim Handwerker.

Die Wochendurchschnittsrealverdienste weisen eine Steigerung auf (% von 1913) von

117,5 (Zeitlohn beim Betriebsarbeiter)
136,6 (Stücklohn beim Betriebsarbeiter)
122,0 (Zeitlohn beim Handwerker)
134,6 (Stücklohn beim Handwerker)

Es handelt sich hierbei um Bruttoverdienste.

Diesen amtlichen Ermittlungen fügen wir noch einige private Erhebungen für Kohle und Eisen hinzu. Es war nicht möglich, einen Reichsdurchschnitt zu ziehen, wir mußten uns vielmehr darauf beschränken, einige für die betreffenden Gewerbezweige immerhin als Hauptsitze zu bezeichnende Bezirke herauszugreifen, so bei der Eisen- und Stahlindustrie den Bezirk Nordwest, bei der Steinkohle das Ruhrrevier und bei der Braunkohle das mitteldeutsche Gebiet[1].

Auch diese Betrachtung von Einzellöhnen zeigt deutlich, was ja heute auch kaum mehr jemand wird leugnen wollen, daß *die Arbeitereinkommen* eine starke Tendenz der Aufwärtsentwicklung verzeichnen, und da sie *ihren Vorkriegszustand erreicht haben, in der Entwicklung der Produktion und insbesondere des Produktionsapparates aber kein Anlaß gegeben ist, den Konsum über das Vorkriegsmaß hinaus zu steigern,* vielmehr das Gegenteil konstatiert werden mußte, kann gesagt werden, daß *eine Erhöhung der Löhne über den gegenwärtigen Stand hinaus selbst bei Steigerung der Leistungsfähigkeit im großen erst dann gerechtfertigt ist, wenn die Eigenkapitalbildung soweit gefördert ist, daß wir wieder von einem normalen Funktionieren unserer Wirtschaft sprechen können.*

[1] Drei Tabellenbogen sind der Arbeit beigefügt.

Rheinisch-westfälische Eisen- und Stahlindustrie (Nordwest).

Durchschnittl. Stundeneffektverdienst[1].

Weiterverarbeitung.

	Monat	1913		1925			1926			1927			1928	
			[3]	1913 = 100	[2]	[3]	1913 = 100	[2]	[3]	1913 = 100	[2]	[3]	1913 = 100	[2]
Facharbeiter	Jan.	59,8	78	130,5	69,29	87	145,3	103,9	87,6	146,3	101,2	99,8	166,9	110,7
	Apr.	59,8	85	142,1	103,9	87	145,3	104,1	93,0	155,4	106,2	100,9	168,7	111,8
	Juli	59,8	89	148,9	104	86	143,8	101,0	94,9	158,1	105,4	101,9	170,4	111,7
	Okt.	59,8	90	150,5	104,9	87	145,3	102,2	97,1	162,4	108,1	102,6	161,6	112,7
Ungelernte Arbeiter	Jan.	43,6	54,7	125,4	92,48	62,7	143,9	102,9	65,1	149,3	103,2	72,0	165,1	109,5
	Apr.	43,6	61,9	142,0	103,9	62,8	144,1	103,2	69,4	159,2	100,7	72,5	166,3	110,6
	Juli	43,6	62,6	143,7	100,3	63,7	146,1	102,5	69,5	159,4	102,9	74,0	169,7	111,2
	Okt.	43,6	63,6	145,9	101,7	64,7	148,5[4]	104,4	70,5	161,7	107,7	74,0	169,7	111,4
Gesamt-belegschaft	Jan.	53,5	69,7	130,2	105,3	77,5	144,9	103,7	82,1	156,3	108,1	91,5	171,0	113,4
	Apr.	55,5	74,7	139,0	101,7	77,5	144,9	103,8	86,4	161,3	110,1	93,1	174,0	115,6
	Juli	53,5	77,5	144,9	101,4	78,1	146,0	102,4	87,6	163,2	100,8	93,3	174,4	116,3
	Okt.	53,5	77,9	145,6	101,5	80,7	150,9	105,4	88,1	164,7	109,7	94,0	175,7	115,7

[1] Einschl. erfahrungsmäß. Sozialzulagen, Durchschnittssatz 0,6 Frau, 1,6 Kind. [2] Kaufkraft 1928. [3] Nominallohn 1928.
[4] Weiterverarbeitung und Hüttenindustrie.

Braunkohlenbergbau (Halle).

Schichtlohn[1].

	Monat	1913	1925			1926			1927			1928		
			[2]	1913 = 100	[3]	[2]	1913 = 100	[3]	[2]	1913 = 100	[3]	[2]	1913 = 100	[3]
Alle erwachsenen männl. Arbeiter	Jan.	4,04	5,15	127,5	94,05	6,06	150,0	111,3	6,33	150,5	104,1	7,18	177,7	117,8
	Apr.	4,04	5,50	136,1	99,56	6,12	151,5	108,5	6,45	150,8	103,0	7,34	181,7	120,6
	Juli	4,04	5,91	146,3	102,0	6,21	153,7	107,9	6,66	164,8	109,3	7,48	185,1	121,3
	Okt.	4,04	6,21	153,7	107,1	6,26	155,0	109,0	6,94	171,8	114,4	7,69	190,3	125,1
Alle im Tag und Tiefbau Beschäftigten	Jan.	4,55	5,48	120,6	88,08	6,41	140,9	100,9	6,69	150,5	104,1	7,60	167,0	110,8
	Apr.	4,55	5,92	130,1	88,72	6,48	143,1	102,5	6,86	150,8	103.0	7,76	170,5	113,2
	Juli	4,55	6,27	137,8	96,03	6,54	143,7	100,9	7,00	153,8	102,5	7,87	173,0	113,4
	Okt.	4,55	6,60	145,0	106,1	6,66	146,4	103,0	7,27	159,8	106,4	8,09	177,8	116,8

[1] Schichtlohn einschließlich sozialer Zulagen und Deputatkohle und Verssicherungsbeiträge der Arbeiter.
[2] Nominallohn. [3] Kaufkraft des Effektivlohnes.

Steinkohlenbergbau (Ruhrbezirk).

Gesamteinkommen[1].

	Monat:	1913	1925		1926			1927			1928			
			²	1913 = 100	²		1913 = 100	²		1913 = 100	²		1913 = 100	
Hauer und Gedinge-schlepper	Jan.	6,82	7,86	112,8		8,61	126,2	92,37	9,05	131,7	91,08	9,55	140,0	92,84
	April	6,82	7,89	115,7	84,64	8,37	125,7	90,04	8,45	131,2	87,58	9,53	139,7	92,70
	Juli	6,82	8,11	118,9	82,97	8,69	126,5	88,83	9,40	137,8	91,89	10,00	146,6	96,07
	Okt.	6,82	8,17	119,8	83,49	8,96	131,4	92,41	9,53	139,7	93,01	10,10	148,1	97,37
Über Tage Beschäftigte außer Jugendlichen	Jan.	4,37	5,98	136,4		6,81	155,8	111,5	7,13	163,2	112,8	7,45	170,5	113,1
	April	4,37	6,13	140,9	10[illegible],1	6,7[illegible]	155,4	117,3	7,12	162,9	111,9	7,57	173,2	114,9
	Juli	4,37	6,24	142,8	99,65	6,70	153,3	107,7	7,35	168,2	112,1	7,97	182,4	119,5
	Okt.	4,37	6,13	144,2	100,5	7,03	160,9	113,4	7,39	169,1	112,6	7,94	181,7	119,5

[1] Gesamteinkommen: Barverdienst je verfahrene normale Arbeitsschicht (setzt sich zusammen aus Leistungslohn, Zuschlägen für Überarbeiten, sowie für die 9. und 10. Arbeitsstunde und Hausstand- und Kindergeld; Versicherungsbeiträge der Arbeiter sind darin enthalten). Plus der wirtschaftlichen Beihilfen (Preisdifferenz für Deputatkohle und Urlaubsentschädigung).

[2] Kaufkraft des Effektivlohnes.

Literaturverzeichnis.

1. AUSTIN und LOYD: Das Rätsel hoher Löhne. (Vieweg, Braunschweig 1926.)

2. v. BERGMANN: Geschichte der nationalökonomischen Krisentheorie. (Stuttgart 1895.) — 3. Brauns, HEINRICH: Lohnpolitik. (Volksvereinsverlag M.-Gladbach 1921.) — 4. BRAUN, GERHARD: Der Sozial-Lohn und seine wirtschaftliche Bedeutung. (de Gruyter & Co., Berlin 1922.)

5. CARELL: Sozialökonomische Theorie und Konjunkturproblem. (Dunker & Humblot, München 1929.) — 6. CASSEL: Theoretische Sozialökonomie, III. Auflage. (Deichert'sche Verlagsbuchhandlung 1923.) — 7. CORNELISSEN, CHRISTIAN: Der Lohn. (Halberstadt H. Meyer.)

8. DEGENFELD-SCHONBURG, FERD.: Die Lohntheorien von AD. SMITH, RICARDO, J. ST. MILL und MARX. (Dunker & Humblot, München 1914.) — 9. Denkschrift der Spitzenverbände der Deutschen Gewerkschaften an die Reichsregierung: Wirtschaftskrise und Gewerkschaftsforderungen. (Verlag des Holzarbeiterverbandes, Berlin 1925.)

10. FRICKE, ROLF: Konjunktur und Einkommen. Meyer, Halberstadt 1927.) — 11. FORSTER, WILLIÄM und WADDIE CATCHINGS: Der Weg zum Überfluß. (P. List, Leipzig 1929).

12. GARET, GARETT: Wirtschaftlicher Wohlstand. (Speyer & Körner, Freiburg 1926.) — 13. Gewerkschaftsring Deutscher Arbeiter- und Angestellten-Verbände: Denkschrift zur Lohnbewegung. (Berlin NO 55 1928.)

14. HALM: Das Zinsproblem am Geld- und Kapitalmarkt. (Archiv für Sozial-Wissenschaft und Statistik 1926.) — 15. HERKNER: Die soziale Reform. (Dunker & Humblot, München 1891.) — 16. HERKNER: Artikel Krisen. Hdr. d. Stw. 1892.) —

17. KÖTTGEN: Das wirtschaftliche Amerika. (V. D. I. 1926.) — 18. KREIL: Sozialversicherung und Wirtschaft. (Reimar Hobbing, Berlin 1927.)

19. LEDERER: Grundzüge der ökonomischen Theorie. (Mohr, Tübingen 1922.) — 20. LEDERER: Lohnpolitik und Konjunktur. (Protokoll des Reichsbeirats der Betriebsräte und Vertreter größerer Konzerne der Metallindustrie, Stuttgart 1928.) — 21. LEDERER: Konjunktur und Krisen. Grundriß der Sozialökonomik. VI. Abteilung. Mohr, Tübingen.). — 22. LEWIN, DAVID: Der Arbeitslohn und die soziale Entwicklung.

23. MASSAR: Die volkswirtschaftliche Funktion hoher Löhne. (Allgemeiner Deutscher Gewerkschaftsbund 1927.) — 24. MOMBERT: Einführung in das Studium der Konjunktur. (Glöckner, Leipzig 1925.)

25. NAPHTALI: Wirtschaftsdemokratie. Allgemeiner Deutscher Gewerkschaftsbund 1928.) — 26. NÖLTING, ERIK: Die Lohnfrage im Lichte der modernen Wirtschaftsentwicklung. (Verlag des Deutschen Holzarbeiter-Verbandes, Berlin 1922.)

27. OPPENHEIMER: Der Arbeitslohn. (Fischer, Jena 1926.)

28. RODBERTUS: Das Kapital. Puttkammer & Mühlbrecht 1928.) — 29. RÖPKE: Die Konjunktur. (G. Fischer, Jena 1922.)

30. SALZ, ARTUR: Beiträge zur Geschichte und Kritik der Lohnfondstheorien. (Cotta, Berlin 1905.) — 31. SPIETHOFF: Artikel Krisen. Handw. d. Staatswissenschaften 1927.) — 32. STUCKEN: Theorie der Konjunktur-Schwankungen. (G. Fischer, Jena 1926.)

33. TARNOW: Warum arm sein? (Allgemeiner Deutscher Gewerkschaftsbund 1929.)
34. WEBER, ADOLF: Allgemeine Volkswirtschaftslehre. Dunker & Humblot, München 1928.) — 35. WEBER, ADOLF: Die Abhängigkeit der deutschen Volkswirtschaft vom Auslande. (Dunker & Humblot, München 1928.)
36. Im Lande der billigsten Kohle. (Verband der Bergarbeiter Deutschlands 1926.)
37. v. ZWIEDINECK-SÜDENHORST: Arbeitsrecht und Lohnpolitik. G. d. S. VI. — 38. ZWIEDINECK-SÜDENHORST: Beiträge zur Erklärung der strukturellen Arbeitslosigkeit. Vierteljahreshefte zur Konjunkturforschung. Ergh. I. Jahrgang 1927.

Zeitschriften und Zeitungen:

Die Arbeit.
Gewerkschaftszeitung.
Der Proletarier.
Soziale Praxis.
Wirtschaft und Statistik.
Vierteljahreshefte für Konjunkturforschung.
Vorwärts.
Größenordnung in Volk und Wirtschaft (Tabellenwerk). Christliche Gewerkschaften. (1928).
Deutschlands Lage am Jahresende 1928/1929. (Reichskreditgesellschaft.)

Buchdruckerei Otto Regel G. m. b. H., Leipzig

GPSR Compliance

The European Union's (EU) General Product Safety Regulation (GPSR) is a set of rules that requires consumer products to be safe and our obligations to ensure this.

If you have any concerns about our products, you can contact us on ProductSafety@springernature.com

In case Publisher is established outside the EU, the EU authorized representative is:

Springer Nature Customer Service Center GmbH
Europaplatz 3
69115 Heidelberg, Germany

Batch number: 10844675

Printed by Printforce, the Netherlands